大空への夢

特撮の神様　円谷英二伝

鈴木和幸
Suzuki Kazuyuki

大月書店

はじめに

四歳の頃、私は叔母に連れられて映画館の前を通ったとき、次週上映の看板に異様な物を見つけて驚いた。黒っぽい怪物と蝶々のお化けのようで、猛烈に大きい。叔母からそれが怪獣であると聞いた。映画「モスラ対ゴジラ」である。

今考えても不思議だが、私はその看板やスチール写真を見ただけで怪獣の魅力に取り憑かれてしまった。まだ映画を見る前に、である。私は裏が白紙の新聞折り込み広告を集め、毎日モスラとゴジラの絵を描いて過ごした。その後父親に連れられこの映画を見たが、「モスラ対ゴジラ」は私の想像を超えたすさまじい作品だった。この世の終わりのような音楽が流れ、映画の題名やキャストがテロップで紹介される間、嵐の海がずっと映っている。映画が始まっても嵐は続き、建物や船が流される。次の場面では画面が明るくなり、水を数台のポンプで放出する場面になる。

ここまでの場面、全部が特撮である（もちろん、子どもだからわからなかった）。子どもにはあまりにも怖い嵐の場面だった。

しかしその後、さらなる衝撃が待っている。干拓地から突然登場したゴジラが街に迫ってくる。怪獣はだんだん近づき、その巨大さに驚いた。建物を壊し、破壊の限りを尽くす。細かいストーリーは理解できなかったが、怪獣とはどんなにすごいものかがわかった。怖さは吹き飛んでいた。映画終了後、外へ出ると、自分の中で何かが変わった気がした。以来、怪獣映画が上映されると、親にせがんで必ず見に行くようになった。テレビで「ウルトラQ」、「ウルトラマン」が放送開始されたときも興奮して見ていた。

こんなことは日本中の子どもたちが経験しているだろう。その後に生まれた人たちも、幼い頃に必ずといっていいくらい、怪獣やウルトラマンの洗礼を受ける。日本人でウルトラマンを知らない人はいないだろう。近年はアジア諸国もそうなりつつある。

しかし、「ウルトラマン」が最初に放送されたのは一九六六年。半世紀以上前である。こんな大昔のテレビ番組を、現代人がまだ普通に見ているのは不思議な気がする。しかし、それだけの魅力があるから今でも子どもたちが見続けるのだろう。最初のウルトラマンをリアルタイムで見た世代からすれば、現在はもう孫の世代になっている。私たちは何世代にもわたって同じ作品を見ているわけだ。

この怪獣やウルトラマンを作ったのが、円谷英二だ。私たちは、ゴジラやウルトラマンと一緒に、「円谷英二」の名前を知っている。だが円谷英二の人となりを知っている人はどれくらいいるだろう。

円谷氏と同郷の私は、一九八〇年代から町おこしの一環として故郷の偉人・円谷英二氏に焦点を当て、須賀川青年会議所のメンバーとして、その存在が須賀川市とともに称えられるよう、さまざまな活動を行ってきた。そのとき気づいたのは、円谷英二という名前はよく知られているわりに、その人物像についてほとんど知られていない事実だった。

そこで私は青年会議所メンバーの啓蒙活動に取り組み、作品の上映会を開き、作品の解説などを行った。時の理事長らには大変理解を示していただき、当時の円谷プロとの接点も多くなり、円谷英二ゆかりの方々にたくさんお目にかかり、いろいろなお話も聞かせていただいた。そういった活動が実を結び、出版社から声をかけられ、私は二度ほど円谷英二伝を上梓している。

前作『特撮の神様と呼ばれた男』から一七年、新たな情報も集まり、私はもう一度円谷英二の伝記を書いてみようと思った。円谷英二について書かれた本はその後もたくさんあったが、一般書としての英二伝はほとんど存在しない。多くの作品を残した業績はもとより、円谷英二とは、どういう考えを持ち、どんな人だったのか、なぜ特撮を志したのか、円谷作品は他の作品とどう違うのか、どんな人生を送ったのかについて、一人の人間として英二の人生を語れる書籍を目指した。

私たちはたいてい子どもの頃に怪獣やウルトラマンに憧れ、映画館に通ったり、毎週日曜の七時にウルトラマンが放送されるのを楽しみにして育った。それを作った円谷英二という人が、なぜ、私たちにあのような作品を送り続けたのか、この本を読めば理解していただけるだろう。

―目次―大空への夢―

第2部　特殊技術の完成

第3部　特撮の勝利

第4部　永遠の夢

第5部　円谷英二とは

第1部

映画界への旅立ち

1916年10月5日、「玉井式2号機」で飛ぶ玉井清太郎
（大田区教育委員会『写真でみる郷土のうつりかわり　風景編』）

一　円谷家の初孫

英一の誕生

一九〇一年（明治三四年）七月、次々に人が行き交う大通りを、大きな風呂敷を背負った行商たちが汗を拭きながら通り過ぎていく。時折通る馬の蹄の音が蟬の鳴き声をかき消している。ここは奥州、白河の関から二五キロほど北上した須賀川の中心部。この頃は東北でも指折りの活気ある商業都市だった。広い道路の両側には、江戸時代から何代も続く商店が建ち並んでいる。どの店も活発そうだが、その中でもひときわ大きな商家・大束屋《おおつかや》は、今日に限って、何やら違う雰囲気が漂っている。

時折客が訪れるが、使用人たちはみなそわそわ落ち着かない。どうも他のことに関心があるようだ。いつもは店頭で陣頭指揮を執る主の円谷勇七の姿も見当たらない。使用人らは暇さえあれば、店の奥に聞き耳を立てている。

みんなそわそわし、まるで仕事に集中していない。そのくらいの大事が、奥座敷で起こっている。ジー、ジーと蟬が鳴く。みなが耳を澄ませているので、余計に蟬の鳴き声が響く。多くはここから少し離れた、長松院か妙林寺からのものだ。それがちょっと収まり、夏の静寂が広がった頃、奥からかすかに鳴き声が響いてきた。赤ん坊の泣き声だ。

十数名ほどいる使用人たちが顔を見合わせた。そして、わあっと奥座敷に向かった。それは、この商家のみんなが待ち望んだ瞬間だった。

奥座敷の障子はピタリと閉じられている。その前で、主人の勇七、妻のナツ、そして、夫の勇ら親族らが元気な鳴き声を聞き、まずは安心したものの、みなの目は障子の向こうに注がれている。

やがて障子を開け、産婆が疲れ切った顔で出てきた。

勇七が表情を隠さず、男の子か、女の子か、震える声で聞いた。

「旦那さん、元気な男の子だべ」

産婆が汗を拭いてにっこり答えた。そこにいた全員の顔がみるみる緩む。

親族や使用人たちが歓声を上げた。座敷の布団の中で、汗だくのセイが疲労困憊ながらも笑顔を見せる。表情にはまだ幼さが残るが、これで立派な母親だ。円谷家は花が咲いたような喜びに包まれた。

母セイと英一（円谷誠氏提供）

この時代の商家では、男子誕生は何よりの喜びだ。女の子はいずれ嫁に出てしまう。ましてこの赤ん坊は円谷家の長女・セイに婿養子の勇を迎えての子、須賀川で一番の商家・大束屋の初孫だ。使用人たちも大喜びで、店を訪れた客にまで初孫誕生を報告するはしゃぎぶりだ。この吉報はまもなく商店街にも響いた。
他の商家にとっても、円谷家の初孫誕生は喜ばしい話題になった。須賀川を牽引する大東屋の吉事は、この地を幸運に導く、素晴らしい出来事にも感じられた。街の中心部がみな喜びに包まれるほど、この子は祝福されてこの世に生を受けたのである。

須賀川の成り立ち

東北の玄関口・白河から二五キロほど北上すると須賀川の街がある。阿武隈《あぶくま》川と釈迦堂《しゃかどう》川が交差するなだらかな丘陵地は水資源が豊富で、肥沃な土地は農作物の栽培に適し古代より人が暮らしていた。中世から二階堂氏が支配する城下町となったが、戦国時代の一五八九年（天生一七年）、伊達政宗によって滅ぼされる。最後まで抵抗した二階堂氏やその家臣、戦った人々を弔うため、現在でも毎年秋に「松明《たいまつ》あかし」という火祭りが開催されている。

その後、白河藩の宿場町となった須賀川は、元禄年間に農業生産力が増え、まゆ、生糸、馬（交通手段や運送手段として使用された）、蕎麦、葉たばこなどの産業が栄え、商業中心の町人文化が発達した都市へと発展、奥州街道では仙台に次ぐ活気あるにぎわいの地となった。毎月三日と八日は市が開かれ、他の地域の人々も大勢集まり、商品の取引が行われた。俳人・松尾芭蕉はみちのくの旅路で須賀川に一一日間も逗留し、そこで詠んだ句はいくつも「奥の細道」に記されている。明和年間には薬種商・伊藤祐倫《ゆうりん》により牡丹の栽培が始まり、今日の牡丹園となっている。

一七八三年（天明三年）に天明の大飢饉が起こった際、東北地方各地で多数の餓死者が出たが、須賀川では一人も飢え死にすることはなかった。白河藩主松平定信の善政もあるが、須賀川の恵まれた環境と、商家を中心にまとまった町の治安体制によるところが大きい。

この頃、街の中心部に文吉という人物が糀屋の店を出した。店の名は「大東屋」。徐々に繁盛して何代も続いたが、江戸時代末期の当主・勇七が商才を発揮して、取引先を増やして店は急激に拡大、ついには須賀川一の商家へと発展した。この時代には商売成功の証であった蔵がたくさん建ち並び、我が世の春を謳歌した。

ところが、戊辰戦争が始まるや須賀川も戦地となる。激しい闘いが各地で展開され、武器を持たぬ商人たちは両軍から略奪の対象にされ、金や品物を脅し取られた挙げ句、街には火を放たれ、およそ三百戸が焼け落ちた。勇七が一代で築いた財産もこの戦で灰燼と化した。

明治の世を迎えると、須賀川も徐々に活気を取り戻す。各商家は持ち直し、以前のように活発な商売を再開する。江戸末期から明治の中頃にかけての時期を須賀川の最盛期と呼ぶ人は多い。大東屋も以前の勢いを取り戻したが、またしても須賀川は災害に見舞われる。

一八九一年（明治二四年）、大東屋から南に二〇〇メートルほどの大町で火災が発生し、折からの強い風に吹かれて火はあっという間に街中を覆い、わずか三時間で全焼五九五戸、半焼一八戸、土蔵の全焼一一四戸、半焼七六戸という、戊辰戦争をはるかに上回る被害を及ぼした（須賀川大火）。

それまで繁栄を続けた須賀川にとって、この大火は決定的な打撃となった。この頃全国に広がった鉄道敷設では、市街地から遠いところに駅が置かれ、いわきから新潟まで列島を横断する岩越鉄道（現在の磐越西線）も、交通の要諦上非常に重要な東北線との分岐点を隣の郡山に持って行かれた。翌年、須賀川は郡山に人口で抜かれてしまう。

そんな状況でも、須賀川の人々はかつての反映を取り戻すため、再び立ち上がって町の再興に尽力した。もともと須賀川は戦国時代から幾度の困難を乗り越え、何度も復興した経験がある。大火から一〇年、商店街は以前のにぎやかさを取り戻しつつあった。その中で英一（のちの英二）は、家族や使用人たち、そして近所の人々からも宝物のように見守られ、育っていった。

母の死

だが、円谷家の喜びも長くは続かなかった。

英一が生まれて三年後の一九〇四年（明治三七年）、母親セイが次男を出産した。ところがこれが死産となり、セイも産後の肥立ちが悪く、わずか一七歳で死去したのである。

まだ三歳の英一は何が起こったのかわからず、お堂の中を親戚の子どもたちと走り回っていた。ナツは英一を抱き寄せ、涙ながらに語りかけた。「英一、これからはおらがおっかさんだがらな、おっかさんになるがらな……」。事実、婿入りしていた英一の父親・勇はこののち家を離れ、英一はナツをおっかさんと呼び、ナツもそれに応えた。ナツが英一の面倒をみることになったのである。

大好きな汽車

活発な商家が並ぶ大通りの中心部にある大束屋に、朝から客が次々と訪れている。店の奥から英一が出てきて草履を履き、通りに飛び出した。英一は商店街を北へ向かってまっすぐ走り出す。小さい体で大人たちの間をするすると抜けていく。他の商家の人々が、幼い英一を心配する。馬にでも蹴られたら大変だ。通りを北へ向かって進むと、やがて道路は大きく蛇行し、それが終わると須賀川橋を渡る。もうここまで来れば須賀川駅は目の前だ。

駅長にも顔なじみだ。汽車を見るため、毎日、英一は駅にやって来た。英一は汽車が大好きだ。煙をモクモクと巻き上げ、汽笛を鳴らして力強く走る蒸気機関車に魅了された。汽車はどのようにして走るのだろう、どこに行くのだろうと想像をめぐらすときが一番楽しかった。同世代の子どもたちとも遊んだが、一人でいろいろ考えて、自分の時間を過ごしているときが何よりだった。

やがて汽笛を鳴らし、蒸気機関車がガッシュ、ガッシュとやって来る。須賀川駅は一八八七年（明治二〇年）に開業したが、この時代にはまだ一日に数本しか汽車は来なかった。

一九〇八年、英一は須賀川町立尋常小学校（現在の須賀川第一小学校）に入学した。大東屋から小学校までは三〇〇メートル程度、決して遠くはないが、毎朝の通学は、五歳年上の一郎がいつも手をつないで英一を学校まで連れて行った。

一郎はナツの長男、つまり英一の叔父にあたる。しかし年齢がそれほど離れておらず、まるで兄弟のように見えた。事実、その後も英一の人生を一郎が兄のように見守ることになる。

「わが勇敢なる海軍は、日本海にてバルチック艦隊を迎え撃ち、激烈なる戦闘の後……」朝礼での校長の訓辞は日露戦争についての話題ばかりだった。英一が小学校に入学する三年前、日本は日露戦争でロシアに勝利し、国民は大いに盛り上がっていた。

そんな雰囲気の中、英一は漫然とした希望を持ち、これからの学校生活を楽しみにしていた。新しい何かが始まる予感を感じていた。

新しい時代の到来

英一は一九〇一年（明治三四年）、まさに激動の二〇世紀がスタートした年、この世に生を受けている。

一九世紀頃から急激にいろいろな発明が増え、人類の生活を変えていった。エジソンに代表される発明家がたくさん登場し、「発明家」という職業が普通に存在した。蒸気機関を利用した機関車や蒸気船は世界の距離を縮め、白熱灯、電話機、無線電信などは生活を格段に便利にした。また、この頃より世界の人口は飛躍的に増加したが、それはパストゥール、コッホといった医学者の功績であり、この分野では北里柴三郎、鈴木梅太郎、野口英世など日本人も大いに活躍している。英一に強く関わる映画や飛行機もこの頃発明されたものである。

多くの発明は文明を発展させ、社会は変貌した。この頃は科学の発展がすべからく人類の進歩につながると信じられた時代であり、夢や希望に溢れた世界があった。

英一生誕前年の一九〇〇年には五回目のパリ万国博覧会が開催され、日本の展示品が大いに世界の注目を浴びる。世界の中で日本が注目されていた時代であり、国威の上でも、数年後の日露戦争では有色人種の日本がロシアを打ち破り、列強入りする。

新しいもの、これまでにない発明が歓迎された時代であり、逆に旧来のもの、古い因習などは徐々に敬遠された。人々は変革を歓迎し、時代の変化を待ち望んで将来に夢を託した。

三歳にして両親との別れという悲劇が訪れた英一だが、周囲の環境は明るかった。まわりの人々もみんな英一を大いに助けた。

二　飛行機への憧れ

絵の才能

小学校に入学した英一はほとんどの教科が一〇段階評定の九か一〇と優秀な成績を収めた。これはナツを大いに喜ばせた。英一は街の中心部に住んでいたが、何かと刺激の多い街の子どもたちはだいたい成績がよく、のんびりした郡部の子どもたちはそうでなかった。当時の地方にはどこでもそんな傾向があった。

英一が優秀なのは勉学ばかりではなかった。英一は絵画の世界でも類い希なる才覚を発揮した。英一の通う須賀川尋常小学校の教師たちは、それを英一の祖先・亜欧堂田善《あおうどうでんぜん》の血を引き継いでいるからと考えた。

銅版画家の亜欧堂田善は江戸時代に名をなし、須賀川の偉人として誰もが知る存在だった。英一にとっては母方の祖先にあたる。

小学校に入っても英一は相変わらず汽車の虜だった。といって、汽車に乗りたいわけでもない。ただその圧倒的なメカニズムに魅了され、ひたすらじっと眺めているばかりだった。

飛行機への興味

大東屋では勇七が早々に亡くなり、ナツが中心となって商売を盛り立てた。

英一が小学三年生の冬、取引先との商談で上京していた親戚が大東屋を訪れた。英一に東京土産を渡すためである。それは一二センチ四方、一五ページ程度の小さな写真集で、当時やっと飛び始めた飛行機の写真が載せられていた。代々木練兵場で徳川好敏大尉と日野熊蔵大尉がフランス製のアンリ・ファルマン機により、日本初の飛行に成功した記念として制作された写真集だった。

英一は巨大なトンボのような、羽の付いた乗り物、飛行機を初めて見た。そしてすぐそれに魅せられた。放課後にいつも汽車を見ていた英一にとって、大空を自由に飛ぶことのできる飛行機は、まさに夢の乗り物。こうなると、英一の空想はどんどん広がってゆく。自分が飛行機に乗り、空を飛び回ることばかり夢想するようになった。汽車の興味が飛行機に移っていった。

一九世紀末頃、折からの発明ブームに乗り、各国の発明家たちは誰が最初に飛行機を飛ばすことができるか競い合っていた。大空を鳥のように飛び回るのは人間のまだ果たせぬ夢だった。一九〇三年、遂にアメリカでライト兄弟が初飛行に成功し、そこから各国で一気に開発が進んだ。最初は空中に数分浮き上がるだけだった飛行機も、徐々に性能が向上し、スピードや機動性を増した。この新しい夢の乗り物に世界中の人々が憧れた。英一が興味を持たないはずはなかった。

英一は大東屋の菩提寺である、長松院の庭にそびえ立つ大きな銀杏の木に登り、広々とした大空に夢を描くようになった。この空を自由に飛行機で飛び回ることができたら、どんなに素晴らしいだろう。大人になったら、立派な飛行機乗りになろう……、英一の飛行機への憧れは大きくなる一方だった。

「こりゃあ、英一！　危ないから早う降りてこんかい！」

住職が怒鳴りつける。こんなことが毎日繰り返された。

この頃より、英一は竹ひごや針金を使い、模型を作り出した。当時の子どもはみな、玩具は自作

工作に明け暮れた味噌倉（1983年に取り壊しされた）
（円谷誠氏提供）

英一（9歳、前列右端）、その隣に一郎、ナツと叔母たち。
他の男性は職人さん（円谷誠氏提供）

英一（9歳頃）、叔父一積（中央）と一郎
（円谷誠氏提供）

していたが、英一はほかの子よりも早くこの遊びに興味を覚えた。作るのはもちろん飛行機だ。新聞に掲載された小さな写真一枚から、それを形にしていく。

だが、一郎は部屋を散らかされるのに参っていた。英一を猫かわいがりのナツは一計を案じた。

ナツは使用していない味噌蔵の一つを大工に頼んで改築し、英一の部屋にしつらえた。大喜びの英一は毎日その蔵に籠もるようになった。蔵の一室は英一の夢工房となった。毎日朝登校するまで、そして下校してからずっと模型作りが続いた。

須賀川に活動写真来る

大束屋の近隣に鮮魚店があった。そこの息子・羽田徳太郎は英一の同級生で〝徳ちゃん〟と呼ばれていた。ある日、英一のところにやって来て、面白いものを見たという。

表通りを見ると、小さな楽団が行進している。一五、六人くらいだろうか。先頭に立つ男がビラをまいている。中央にいるのはフロックコートに山高帽という出で立ちの男だ。

それは、活動写真の機材を持って各地を巡業する一座だった。明治時代にはまだ常設の映画館がなく、活動写真は巡業して日本中を回り、演芸場か、広場などの仮設の会場に、白い布を広げてスクリーンとし、映像を映して見物料をもらっていた。そんな一座が須賀川にやって来たのだ。

映画の歴史も、飛行機同様まさに黎明期だった。一八九五年一二月二八日、リュミエール兄弟がシネマトグラフを発明し、パリで初めての映画を上映した。それは一分前後の作品ばかりで、汽車が駅に到着する状況、工場から人々が出てくる様子などをとらえただけの単純なものだったが、それでも初めての動く画像は多くの人々を驚かせ、すぐに世界に広まった（なお、すでにキネトスコープを作成していた発明王エジソンも一八九七年にヴァイタスコープという装置を開発している）。この翌年、稲畑勝太郎がシネマトスコープを購入し、大阪で日本初の上映会が行われている。その後、最初期の映画は興行師らによって全国に広まり、各地を巡業して歩く人々が増えていった。

夜になり、英一と徳太郎は寺の境内を会場として行われた映写会に出かけた。活動写真とはどんなものか、二人の期待は高まった。

会場には仕切りがあり、入場料を払って中に入る仕組みだったが、屋根はない。昼は明るくて上映できないため、夜を待って始まる映写会だった。大勢の客が集まり、中は押すな押すなの大盛況。やがて時間になり、白い布であつらえたスクリーンの前に、昼間見た山高帽の男が登場した。

「さあてみな様、今宵はようこそこの活動大写真上映会に大勢おいでいただき……」

その男は弁士だった。日本の映画界は、トーキーの時代が訪れるまでは映像の説明をする弁士が活躍した。スクリーンの役者よりも、弁士がスターということもあった。人気弁士はそれだけで人を呼ぶこともできた。

始まった映像は桜島の噴火、銀座の風景、そして、当時は大きな話題だった日露戦争の様子などが数分ずつ映された。初歩的な映像にすぎないが、それでも見物客は初めて見る映像に感心した。弁士の名調子もそれを盛り立てていく。

動く画面と弁士の話術に魅了された徳太郎が横を向くと、英一の姿はない。周囲を探すと、奥で機械を操作する技師の隣にいた。しきりに映写機をのぞき込む英一を、手動の機械を回す映写技師は怪訝そうに見ている。

英一は、スクリーンに映る映像よりも、それがどうやって映し出されているかの方に関心があった。しばらく眺めていると、おおよその仕組みは理解できた。映写機にフィルムを入れると、それを技師がカタカタと手回しする。それが光によって前方の白幕に投射される。フィルムに映された映像は少しずつ変化し、それが動いているように見える……。

映写技師は全国行脚してきたが、こんな子どもはどこにもいなかった。技師は呆れて英一を見ていた。

上映会は終了し、英一、徳太郎は帰途に着いた。あの映写機が英一の頭から離れなかった。自分でも作ってみたい……。徳太郎の鮮魚店に着き、「じゃ、また明日」と手を振ったとき、閉店間際の店を見ると、天井からつり下げられた籠の中に、当日の売上や釣り銭が入っているのが見えた。英一は思わず籠に手を伸ばし、貨幣をつかんだ。こんなことをするのは初めてだった。英一の心臓は今にも張り裂けそうだった。

帰宅した英一に、家族がカツドウはどうだったと聞くが、英一はドギマギしてまともに答えられなかった。

翌日、英一は金物屋で材料を買い込み、「映写機」の製作に取り組んだ。半透明の紙をフィルム代わりにあつらえ、そこにマッチ棒を貼り付けて少しずつ移動させる。英一流の「映写機」はほぼ成功した。

だが、その資金源調達についてはずっと悔やみ、いつまでも気にしていた。してはいけない行為だった。でも、あやまることもできないままでいた。

高まる飛行機への情熱

英一の飛行機への情熱はますます高まるばかりだった。毎朝五時に起床すると蔵に籠もり、ランプの灯りを頼りにせっせと模型作りをする。放課後もすぐに帰ってまた蔵籠もり、夕食までずっと蔵であれやこれやと模型飛行機製作を行う日々が続く。

弘前土産の絵葉書（1912年頃）
（円谷誠氏提供）

一一歳のときには、新聞や雑誌の写真を手本に模型飛行機を自作し、その出来が素晴らしいので地元新聞社が取材に来るほどになった。一九一四年（大正三年）には小学校尋常科を卒業し、小学校高等科に進学するが、それでも飛行機熱が冷めることはなかった。その頃発行された雑誌『飛行界』は英一の愛読書となった。

「いつかは自分で本物の飛行機を作り、それに乗って世界一周をするんだ……」

そんな大きな夢を語る英一を家族は不安に思っていた。当時の飛行機はまだ初歩的な段階で、あちこちで事故が発生、そのたびにパイロットが亡くなり、新聞記事となっていた。飛行機乗りなど、命がいくつあっても足りない商売にしか思えない。危ないからそんなことはやめろと諭すが、当の英一は、飛行機乗りになれるなら、死んだってかまわないと言い放つ。

飛行機の世界も、徐々に進歩を見せていた。一九一四年に勃発した第一次世界大戦では、当初、偵察が主目的だった飛行機も武装を始め、前方に機関銃を備えた戦闘機が開発されると、ヨーロッパ戦線で戦闘機どうしの空中戦が始まった。ドイツ、イギリス、フランスなど激戦地では敵機を数多く打ち落とす「撃墜王」が誕生している。この戦争に日本は全面関与しなかったが、中国の青島《チンタオ》にあるドイツ軍の要塞攻撃の際、フランスから購入したアンリ・ファルマン機が偵察等に使用されている。こういった報道も、英一の飛行機熱をますます駆り立たせた。

占いで上京へ

大東屋の奥座敷でナツらが重々しく相談している。薄暗い部屋に天窓から一筋の光が差し込んでいる。話題は英一の進路だ。来年は高等科を卒業する。成績優秀なので就職先には困らないが、本人が飛行学校へ入学するといって聞かない。どうしたものかが、家族にとって一番の悩みだった。

いずれは英一も大東屋で仕事をさせ、家業を盛り立ててもらいたいと考えていた。ただ、いずれ家に戻るとしても、若いうちは他所で修業をさせるのが常だった。

東京には親戚も多いので、最初は刺激の多い東京で揉まれ、やがて家業に戻ってもらうのが一番と考えていたが、英一は納得しそうに思えない。

そこで、ナツが「法院さま」への訪問を提案した。

「法院さま」とは、須賀川から北東の守山（現在の郡山市守山）に昔からある本山修験宗・華楽山成就院という寺院である。この時代、何か重要な決めごとをするとき、神社仏閣を訪ねて占ってもらうことが多かった。法院さまは多くの人々を占う有名な寺院であり、遠方から訪れる人も多かった。須賀川からは四里（一六キロ）もあるが、それでも大事な英一のこと、円谷家も法院さまにすがることにしたのだ。

ナツに連れられ法院さまを訪ねた英一だが、心は上の空だ。雑誌『飛行界』で「日本飛行学校」の存在を知り、そのことで頭がいっぱいだったからだ。飛行学校でしっかり勉強し、いずれ飛行士になる……、そんなことばかり考えていた。

やがて山あいの華楽山成就院に到着し、二人は本堂に通された。住職は英一の住所や名前を確認して二人の方を向き、「上京は今年五月以降がいい、また、この子は公務員に向いていない、工場勤めの方がいい」と告げた。

旧暦の「五月」は今の七月頃。成績優秀な英一は、お役所勤めも可能だがそれは不向きという。家族から、由緒ある法院さまの御託宣だから間違いないといわれた英一だが、どうも気乗りがしない。

一九一六年（大正五年）、高等科を卒業した英一は、雑誌『飛行界』でアメリカ人パイロットのアート・スミスが来日して曲芸飛行を行ったニュースを知った。空中を自由に旋回する飛行機は、英一の中でますます大きな存在となっていた。

円谷家の人々は、東京の親族に相談して英一の就職は月島にある「月島機械製作所」に決まった。だが、どうも英一が煮え切らない。「はい」、「はい」と返事はするが、表情は賛同しているようには思えない。

英一の希望は日本飛行学校への進学だった。当時、日本には飛行機の学校は一つしかなかった。大好きな飛行機の学校だったら何もいうことはない。飛行学校がある東京まで行けば道は開けるかもしれない、英一は自分に言い聞かせ、渋々ではあるが月島機械製作所への入社を承諾し、東京の土を踏んだ。

三　飛行学校の顚末

飛行学校への入学

稲刈りの時期を迎え、使用人たちがみな実家の手伝いで不在の大東屋は、家族が店頭に立って客を相手にしていた。この時期はどこもそうだが、あわただしい最中にとんだ知らせが届いた。英一の保証人を引き受けた東京の親戚に、職場から「まったく出社していない」と連絡が入ったのである。とにかく英一を呼び戻し、話を聞いてみるしかない。電報を打つと、英一は叔父に連れられ帰ってきた。

英一は家族に囲まれ、いったいこれはどういうわけだと問いつめられた。ずっと下を向いたままだった英一が、震えながら小声で答えた。

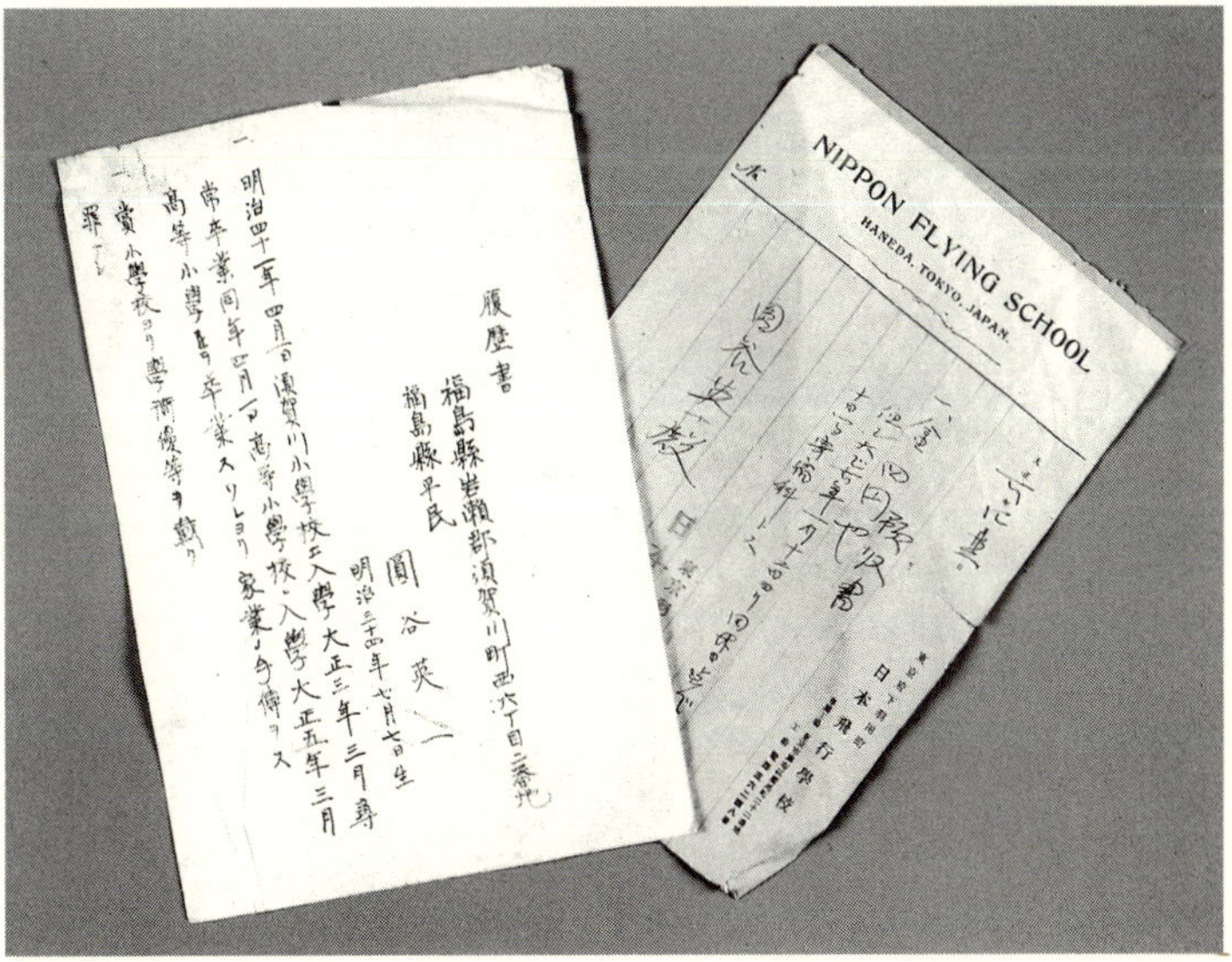

日本飛行学校入学時履歴書と寄宿料領収書（円谷誠氏提供）

「オレは、どうしても飛行学校に行きてえ……」

一同は愕然とした。東京に行けば、仕事に追われ、やがて飛行機のことなど忘れるのでは、という円谷家の願いはかなわなかった。

いつもは優しい一郎まで声を荒げ、「いい加減にしろ」と怒った。しかし英一はオイオイ泣くばかり。

しばらくして、英一はとつとつと話し始めた。人づてに日本飛行学校のことを聞き、入学金などの情報を知ったが、従業料を含めて入学前に六〇〇〇円を一括納入しなければならないという。どうしても飛行学校に行きたいので、将来出世して必ず返すから、六〇〇〇円貸してほしいと。

六〇〇〇円という金額を聞き、一同は仰天した。当時としてはかなりの大金だ。しかし英一は泣いて額を畳にこすりつけ懇願する。

「オレは本当に飛行機にしか興味がねえんだ。他のことなんか何もできねえんだ、なあ、頼む、一生のお願いだ、飛行学校に行かせてくれ！」

結局、家族が根負けした。ナツが入学金を用立てるという。もちろんナツ以外はみな反対したが、ほかに方法がなかった。

ナツの英一かわいさには、一郎はじめみな呆れるばかりだったが、大東屋を実質的に切り盛りしているのはナツだった。英一は晴れて日本飛行学校に入学することになった。

羽田の飛行学校

一九一六年、英一は東京に帰り、夢の飛行学校へと向かった。飛行学校の入学手続きはナツや一郎が代行した。

日本飛行学校は、羽田の元鉱泉旅館を校舎とし、雑誌『飛行界』の記者でもある相羽有《あいばたもつ》を校長としていた。もっとも先生はこの相羽一人で、極度の近視のため自らがパイロットになることは断念し、自作飛行機の飛行実験に成功した玉井清太郎を教官としていた。飛行場は当初、六郷川（現在の多摩川）が東京湾に注ぐ三角州を充てる予定だったが、のちに対岸（現在の川崎市）に移された。

意気揚々と学校を目指した英一だが、目の前に現れたのは古ぼけた旅館だった。その粗末な建物に英一は面食らった。しかし看板には間違いなく「日本飛行学校」とある。

戸を開け、中に入って挨拶すると、メガネをかけた青年が出てきた。自分と同じくらいの若さだ。

しかも細身でボサボサの髪、本当に校長なのだろうか？

「あの、あなたが相羽さんでしょうか？」

「そうだよ、ああ、君が入学を希望したエンタニ君ね」

英一は「ツブラヤです」と名のったが、相羽は面倒くさそうに「まあいいです」と答え、入学金は間違いなく送られており、英一がここの生徒になったことを告げた。あっけない入学許可だった。この後、早速相羽の案内で待望の飛行機を見ることになった。

相羽が連れて行ったのは六郷川の渡し場だった。飛行機に乗るものだと思ったら、英一は渡し船に乗せられた。

やがてたどり着いた「飛行場」は、ただの海岸だった。満潮時には海に沈む。そんなところに、丸太の骨組みにヨシズを張った粗末な「格納庫」があり、中には、英一が思い描いていた「憧れの乗り物」とはだいぶ違った、あまり格好のよくない飛行機があった。『飛行界』などで見た世界の飛行機とは、ほど遠く見劣りする。本当に空に舞い上がるのだろうか？

やたら若くて頼りない校長、ただの海岸にすぎない「飛行場」、そして、オンボロの飛行機……、これが大金を用立ててもらい、夢にまで見た飛行学校だった。英一の胸に不安がうずまいた。

翌朝学校へ行くと、飛行学校の生徒が集まっていた。一六、七人の生徒はいずれも英一と同世代で、一人だけ女子もいた。身なりの立派な、金持ち然とした青年も数名いる。話を聞いてみると、みんな英一と同じ、人間が空を自由に飛び回る乗り物に憧れ、この飛行学校を目指した若者たちだった。

もっとも、猛烈に高い授業料を入学前に全納するなど裕福な家にしかできない。ここにいるのは金持ちの子女ばかりであり、それは英一も同じだった。

それでも生徒たちの瞳は輝いていた。飛行機で空を飛ぶ夢を実現する希望に溢れていた。自分と同じ境遇の存在がいることで、英一も少しは不安から解放された。

二〇世紀初頭は新しい機械、思想、発想が次々生まれた時期で、新たな世界に若者が挑戦することは決して不思議ではない時代だった。

しかしながら、こういった時代の境目には、画期的な新技術の開発などとともに、まがい物、偽物が登場するのも事実で、高い授業料に見合わぬ粗末な施設、校長と教員が二人だけの学校、英一はまだ不信を抱いていた。希望と不安が交錯する飛行学校生活の始まりだった。

英一、空を飛ぶ

飛行学校の授業は、飛行理論など机に向かうことがほとんどなく、もっぱら一機の飛行機による実地訓練ばかりだった。

晴れた日に倉庫から飛行機を出し、機体を整備して飛行を試みる。初期の飛行機は機体が木製で、翼は布を張り針金で止めている。どこかが一つでも緩めば飛行機は動かない。英一らは必死に整備するが、エンジン不調なら中止せざるをえず、そのうちに満ち潮になって「滑走路」がなくなる。油だらけになって修理に取り組んでも、飛行は翌日に持ち越し……そんな日々の連続だった。おまけに「仏滅、三隣亡《さんりんぼう》は飛ばない」と、縁起にも縛られていた。

理想と現実の違いに嫌気がさした生徒の一人が学校を辞めた。他の生徒も辞めようかというムードが漂い始めた。しかし英一にはそれはできない。無理をして大金を捻出してもらった負い目がある。ここで辞めたら、どんな顔で帰ればいいのか。

ある日、英一らは町の祭りに駆り出された。祭りの余興に飛行機を飛ばし、盛り上げようという依頼だった。英一らはいつものように準備を始めるが、どうもエンジンの調子が悪い。プロペラが回らなければ飛行機は動かない。

一向に飛ばない飛行機に見物客らは苛立ちがつのり、「さっさと飛ばせ」と騒ぎ始めた。ヤジを飛ばされ、焦るが動かない。しまいには酔った連中に追いかけ回される始末だった。

これには、さすがに英一たちの不信感も頂点に達した。全国から集まった甘い考えのボンボンたちはうんざりし、一人、また一人と学校を辞めて帰郷した。英一も、山師に引っかかったという気持ちになっていた。しかし、自分は逃げ帰る選択肢がない。ここにとどまる以外、道はない。英一は自分の迷いを吹き飛ばすべく、飛行機の整備などに没頭した。飛行機も順調に飛ぶ回数が増えてきた。模型を使っての操縦訓練も重ねた。

英一は模型づくりが上手く、その延長で機械いじりも上達した。おおよその仕組みは頭に入った。辛抱強く日々機械整備を行う英一を、相羽校長と玉井教官は頼もしく見ていた。

ある日、英一は玉井に呼ばれた。次は英一に飛行機を操縦させるという。

「ええっ、本当ですか?」

震える手で、英一は初めて本物の操縦桿を握った。英一の乗った飛行機は滑走路を走り、やがて離陸した。

やっと飛行機に乗れた……ただ離陸するだけ、わずか一分程度だったが、英一の感激はひとしおだった。夢の飛行機乗りになれた瞬間だった。

教官の墜落

飛行学校も半年を過ぎると、残った生徒たちの技術も向上した。学校にも新しい飛行機を製作する余裕が出てきて、三人乗りの「玉井式三号機」が完成した。

一九一七年（大正六年）五月、玉井教官は東京日日新聞の依頼を受け、同紙記者を飛行機に同乗させ、公開飛行を行った。東京上空を旋回し、航空写真を撮影することが目的である。大勢の見物客も飛行場に集まった。

飛行機は、東京上空を三回旋回して芝浦に着陸する予定だった。撮影も順調に行われ、あとは着陸するばかりだった。

まもなく着陸をしようというとき、突然主翼がメリメリと音を立ててはがれた。エンジンの出力に翼が耐えられなかったのだ。

飛行機はバランスを失い、真っ逆さまに墜落した。飛行機は地面に強く叩きつけられ、真っ二つに折れた。飛行機の残骸に埋もれた玉井教官と新聞記者は、すぐ病院に搬送された。だが、二人とも即死だった。

芝浦で着陸を待っていた英一は愕然とした。たった一人の教官が死亡すれば、この学校の運命は明らかだ。心の中で、大切なものがガタガタと崩れていくのを感じた。

英一には飛行学校がなくなるという絶望感より、ナツや一郎に高い金を出させて入学しながら、突然終わってしまった夢への虚無感、家族への申し訳なさがこみ上げてきた。家族になんといえばいいのか、その場へへたり込み、しばらく動くこともできなかった。

教官がいなくなった学校が、ここから再興できるとも思えない。英一は学校を去った。英一の飛行機乗りになる夢は潰えたのだった。

日本飛行学校のその後

日本飛行学校には、残った生徒もいたので、相羽校長は陸軍飛行練習生出身の川上親孝《ちかたか》中尉を迎え、飛行記者倶楽部の募金などを集めて墜落した飛行機のエンジンを再利用し、飛行機を完成させて学校を再開した。だが、まもなく一九一七年（大正六年）一〇月の台風で飛行場は全壊し、学校は閉鎖された。

二年後、相羽は蒲田村（現在の大田区蒲田）に日本自動車学校を創設し、そこに航空科を作って捲《けん》土重来《どちょうらい》を期した。一九二二年（大正一一年）に立川陸軍飛行場ができると、相羽は日本自動車学校で得た資金を元手にして日本飛行学校を再開する。教官にかつての飛行学校卒業生を招いた。立川飛行場で行われた逓信省航空局主催の離着陸競技、物品投下競技では日本飛行学校の生徒が上位入賞して面目を保った。

一九三一年（昭和六年）にはかつての飛行学校の飛行場が東京飛行場、のちの羽田空港になり、相羽はその一部をこの地を開拓した功労者として割り当てられた。

相羽はもともと叔父に大スポンサーがいてその資金で飛行学校を設立し、自らが雑誌を発行して飛行機の魅力を伝え、空を飛ぶことに憧れた若者を集め、高い金をとって学校を運営していた。それだけ見ると若者を騙して稼ぐ詐欺師のようにも思える。英一ものちの文献を見るかぎり、相羽をよくいっておらず、安直な飛行学校の設立と、その運営を批判している。しかし相羽はその後の活躍を知るかぎり、日本飛行界の草分けとして努力したパイオニアだったといえる。特に日本の空の玄関口・羽田空港設置の先駆けとなった功績は大きい。新しい時代を迎えるとき、若者たちはまだ見ぬ未来に向かってさまざまな試行錯誤を重ねた。その点では英一も相羽も共通するものがあった。

四　映画との出会い

一郎の手紙

飛行学校退学の知らせはすぐ実家に届いた。玉井教官の墜落ニュースはすでに日本中に知れ渡っていたので、大東屋では英一の退学をむしろ歓迎した。いつ空から落ちて死ぬかわからない飛行機を英一があきらめてくれる。学校がなくなったのは好都合だった。高い「授業料」を払ったことへの悔恨が残るのみであった。

こののち一郎が上京し、英一の今後の進路について相談した。英一はショックから立ち直れていなかったが、一郎は英一の意見をいろいろ聞き、電気系の技術を学びたい希望を考慮して東京工科学校（現在の日本工業大学）に入学する手続きをとった。とはいえ、実家に大金を払わせた負い目がある英一は夜間部を選び、昼間は働いて家計の負担を減らしたいと告げた。

この数か月後、大東屋に手紙が来た。一郎がまだ進路のことで悩んでいるらしく、健康が優れず、他の学校に移りたい旨の内容だった。

しようがない奴だと一郎は手紙をしたためた（手紙類は、すべて現代語に改めた）。

おはがき拝見いたしました。

脚気にてお困りの由当方にても案じ居ります。なんにしてもそれよりは気候が健康に適しない様になるのであるからよくよくご注意なさるよう御すすめします。脚気は現在おる小区域が適しないばかりでなく東京全体が悪いのであるから築地の工業や中央工科なんか転学しても病気の方には何にも影響を及ぼすものではないから病気のためになんか転学は無用になさる様。

学校が気にいらんで転学するなら何処でも好きな学校も一長一短でお前の気にがっしり合う様な学校は決してないからまず気を揉まずに現在の学校に在学しておるが良いと思う。如何に教授振りといい設備といい完全した学校でも学生が熱心に覚える気がなかったら設備の不完全な教授法の悪い学校と何等選ぶところがないのである。

学校の良否をならす様な学生は学校を一種の娯楽場としか思ってないんだろうと思う。とにかく学校と名のついた以上、何等か得る所があるわけである。そして勉強するにはすべて自由な東京におるのであるからまあ学校を変えるなどという事はよした方がいいと思う。お前は学校の良否を以て転校しようと思った訳でもあるまいが、病気のためにそうしようと思ったんだけれども、以後そんなような気がして転校する気でも起きた時には一応反省する様敢えて苦言を宣べておく。今、三、四十日のところだから我慢が出来るなら我慢をしていた方がいいが、たった三、四十日のところで取り返しのつかん病気にでもなっては仕方がないからあまり我慢できないなら帰国して静養したらよかろう。

しかし附言しておく。仮に故郷を恋しがって帰るようなことではいかん。学若し成らずんば死すとも帰らず位の意気は忘れてはならんと思う。金は足りるかね。足りなければ言ってよこす様。試験の成績くらいで身体を害ねてはならないから無理はなさるな。此方では誰も変わりがないから安心なさい。気を揉んではならないから熟慮断行然る可し。

我慢できなければ無理せずに帰国なさい。我慢できるなら我慢なさい。試験なんかは人生大道に横たわる一小ストン〔当時の表現で小石のこと〕である。ちょっとまたげばよいのであるから気にかける必要はありません。

では、一応御一考を促す。

弟殿　　　兄より

おまえ、しっかりしろという内容だったが、このような手紙により、一郎はまた学業を続けた。英一は一郎のいうことは聞いた。むしろ励ましてくれるのを期待する気持ちもあった。一郎と英一は実の兄弟ではないが、手紙にはいつもこのように兄、弟と名乗り合っていた。

玩具会社へ入社

英一は昼間の仕事を探したが、芳しい職場を見つけられず、仕方なく親戚に頼んだ。すると、巣鴨にある内海玩具製作所はどうかと紹介された。手先の器用な英二には向いていると思われたのだろう。嘱託でもいいというので、とりあえず学業を優先させたい英一にはありがたい話だった。

日露戦争の終結後、怪我をした元兵士たちが大勢いた。彼らには通常の仕事ができない。そこで国は補助金を出して、多くの傷病兵が働く職場を確保しようとした。この玩具製作所もその一つであり、ここで製造された製品は主に欧米へ輸出された。

英一は叔父に案内され、玩具製作所を訪ねると、包帯姿も痛々しい兵士ら数十名が机に向かい、何かを作っている。

そのうち、経営者が出てきた。でっぷりとした社長は、英一をじいっと見て、入社に当たって一つやってほしいことがあるといった。

それは、一円五〇銭の予算でちゃんと聞こえる電話機を作れという注文だった。納期は一週間。社長には考えがあった。知り合いのツテで雇えといわれても、実力は未知数。田舎から出てきた子どもをいちいち預けられてはかなわない。最初から無理難題を突きつけ、万が一完成させたらみっけもの、だめなら追い出せばいいと考えていた。

「まあ、期待してるよ」

にっこりと英一を送り出した社長だが、できっこない、とふんでいるのは明らかだった。

しかし、物作りにかけては天才的な腕を持つ英一は、早速既製のおもちゃの電話機を購入して参考にし、下宿に籠もってわずか三日で電話機を作り上げた。それは、五〇メートル離れたところでも聞こえる、なかなかの代物だった。

もう作ったのか！　社長は仰天した。しかも完成した品は、製品として十分販売できるものだった。

当時、人件費の安かった日本製品の海外輸出は大きな利益を生んだ。英一もこれで収入のあてができた。失意のどん底にいた英一だったが、少し自信を取り戻した。

スケーターで大ヒット

英一はさらに新しい玩具を模索した。内海玩具製作所は、創作好きで工作が得意な英一にぴったりの職場でもあった。

英一は子どもの頃に考えていたアイディアを実現した。それは板の下に車を付け、その上に人が乗り、楽にあちこち行けるような器具である。いろいろ考え、現在のキックボードのような形態を思いついた。早速試作品を作成し、会社で提案したところ、評判がいい。

新製品は「スケーター」と名づけられ、市場で販売されるとすぐに売り切れ、注文が殺到した。ヒット作の連発に大喜びした社長は英一に臨時ボーナスを支給した。

なんと五〇〇円の大金！　さすがに英一も大喜びした。飛行機乗りの夢を失って以後、心を覆っていた雲が吹き飛んだように感じられた。外を見渡せば桜が満開、英一は気持ちが大きくなり、玩具製作に取り組む傷病兵たちをねぎらおうと思った。

「みなさん、花見に行きましょう」

まだ若輩者の英一が先輩の職員らに酒をごちそうしようというのである。突然の申し出に職員らはとまどうが、ともかくも酒を奢ってくれるのだから大喜びで早速飛鳥山に向かった。

飛鳥山は八代将軍・吉宗の時代に桜が植えられ庶民に開放された歴史ある花見の名所である。玩具製作所の一行は料亭の部屋に入り、早速酒を飲み始めた。といっても英一は未成年で、飲めるわけではなかったが、職員らの喜ぶ顔を見ているだけで楽しくなった。

職員たちにとっても、久々の酒宴だった。新入りの若者に奢られるとは思ってもいなかったが、ともかく花見は楽しい。英一も裕福な家に生まれたこともあり、金銭感覚に疎いところがあったが、みんなに感謝され、自分が認められたことに喜びを感じた。

けんかでの出会い

職員たちの酔いが回り、宴もたけなわの頃、隣との仕切りの衝立《ついたて》がバッタリと倒れてきた。隣で飲んでいたグループの連中が酔っぱらい、衝立に寄りかかって倒れたのである。赤い顔をした二人の男が衝立と一緒に英一らの宴席に倒れ込み、とっくりや料理の盛られた皿が散らばった。

酒や料理を頭から浴びた職員がおまえらなんだと大声をあげ、二つの集団が対峙した。

相手側の些細な言動に職員が飛びかかろうとしたとき、英一は慌ててそれを止め、二つの集団の間に割って入った。

「ちょっとちょっと、まあ、落ち着いて。けんかはやめてくださいよ」

職員らは英一の姿を見て若干冷静さを取り戻した。何しろ本日のスポンサーは英一だ。

隣のグループも奥から背広姿の人物が出てきた。かなり長身の紳士だ。彼は隣の陣営をなだめている。

どうやらこの人がリーダーらしい。隣の連中もおとなしくなり次第に引き下がった。険悪なムードが収まり、二つのグループの間に今度は英一と紳士が対峙した。

紳士は迷惑をかけてすまなかったと詫び、英一にそっちは君が親方なのかと聞いた。

英一はこれまでのいきさつを説明した。玩具会社にアイディアを提供し、大当たりしてもらった臨時ボーナスで宴会をしていると聞いた紳士は驚嘆した。

紳士は枝正義郎《えだまさよしろう》と名乗った。映画会社の技師をしており、一緒に飲んでいたのは会社で働いている同僚だという。最近、暇になると映画館に通っていた英一は、相手が映画会社社員と聞いて興味がわいた。

言葉を交わすうちに二人は気が合い、一度は来てみろという枝正の誘いに乗り、英一は映画会社を見学させてもらうことにした。

天然色活動写真株式会社

枝正らが働いていたのは、天然色活動写真株式会社（天活）という会社だった。天活は映画製作会社で、日活に次いで設立され、その名の通り、当時は世界でも珍しい天然色《カラー》の映画製作を目指す画期的な会社だった。ところが天然色映画はまだ技術的に無理があり、すぐに通常の白黒映画を製作するようになっていた。日活が当時の大スター・尾上松之助が主演のチャンバラ映画を乱発する中、天活は澤村四郎五郎というスターが活躍し、それなりに健闘していた。

もともと日暮里に撮影所があったが火災で焼失し、この頃は巣鴨に撮影所を開設していた。英一もこの巣鴨撮影所を訪れた。

枝正は英一を歓迎し、撮影所を見せて回った。初めて見る映画会社の内部に英一は興味津々だったが、派手な撮影がいつも行われているわけではなく、フィルムの現像、焼き付けなど意外に地味な作業なのだと思った。

枝正義郎

枝正は応接室に英一を通し、しばし映画談義となった。英一は時間があるときには、映画館に通っていた。見るのはもっぱら外国映画で、この頃流行ったアメリカのブルーバード映画を特に好んで見た。枝正が日本の映画は見ないのかと聞くと、尾上松之助の映画は映像が悪く嫌いだという。また、弁士に下手な人が多く、時代考証がいい加減でくだらないともいった。映画を作っている本人を前に自身の映画観をとうとうと述べる英一に、枝正は歯に衣着せず、ズケズケ話すけれど、よくわかってるな、とも感じていた。確かに、英一のいうとおりだった。

天活はアニメーションにも取り組んだ先進的な会社で、社内には、漫画のような絵を描いている人たちがいた。それは線画で、日本で初めてのアニメーション作品だった。英一は映画と一口にいっても、いろいろな仕事があるのだなと感心した。

応接室に、シャツとズボンをビショビショに濡らした男が駆け込んできた。現像所の水道管が破裂し、水浸しになったのだという。枝正と一緒に英一もついて行くと、みんな困りはてている。

「工具箱はありませんか?」

機械いじりが得意で、ずっと飛行機を修理、整備していた英一には水道管の修理などわけはない。工具箱を受け取った英一はなんとか水を止めた。水浸しになって水道を修理した英一に、枝正は熱い視線を送った。

この男はなかなかできる。「うちに連れてきたい……」枝正は強く感じた。

五　師匠・枝正義郎

映画界への誘い

昼は玩具会社で製品開発、夜は東京工科学校で勉強という英一の生活は、玩具のヒットで経済的に余裕が生まれていた。通っていた工科学校は昼間は商業学校になっていたので、そちらでも英語と数学を学んだ。アイディアはいつ浮かぶかわからない。それなら勉強して教養を身につけた方がいい。

この頃、英一の下宿にはしきりに電報が届くようになっていた。中身はいつも、「ツブラヤクンテンカツニキタレ　エダマサ」と書かれていた。天活への入社を催促する枝正からだった。

英一は映画自体に興味はあったが、学校に通っている上、玩具会社での仕事が順調なので、転職する気持ちはない。「枝正さんは、なんでそんなにオレを誘うのだろうか？」そのくらい、枝正の入れ上げ方は尋常ではなかった。

ある日、会社に出かける英一を下宿の玄関で枝正が待ち伏せしていた。「円谷君！」と声をかけられた。

「今日という今日は、いい返事を聞かせてもらうよ」と迫る枝正。英二は不意を突かれて逃げようがない。

枝正は、なんとしても君を天活に迎え入れたい、という。一八〇センチの長身、紳士的な話し方、東北出身の英一が今まで付き合ったことがないタイプだ。一般に東北人は控えめだ。枝正の強力な押しに負け、遂に英一は天活入りを承諾してしまった。

ただし、学校はそのまま通い、時間のあるときだけ行けるような条件を飲んでもらった。こうして英一は映画界への第一歩を踏み出した。

天活での映画生活

天活に英一が出社すると、朝礼で枝正が英一を紹介した。職員たちは、花見のときの若い奴だと思い出した。映画会社は人の出入りも多かったが、さすがに英一は職員たちの印象に残っていた。

枝正は映画作りのイロハを何でも英一に教えた。当時の映画は白黒、無声で、技術的にはまだ初歩的な段階だった。それでもフィルムの現像、焼き付け、編集などの仕事は熟練を要した。技師長の枝正は、自分が見込んで入社させただけに英一を特別扱いし、常にマンツーマンで指導した。英一は飲み込みが早く、これらの映画技術を素早く覚えていった。

天活の一番のスターは、澤村四郎五郎。四郎五郎は歌舞伎の女形として活躍後、忍者映画などで活躍し、当時は日活の目玉の松っちゃんこと尾上松之助に次ぐ人気を誇っていた。

忍術を多用する忍者映画では、俳優が巻物を加え、呪文を唱えると突然消えたり、ガマに変身する。こういったテクニックはフィルムを編集して行われる最初期の特撮だが、こんな技術も枝正は丁寧に指導した。

英一は、映像の世界が現実の世界を映すだけではなく、実際には存在しない大ガエルや竜まで登場させるのに大きな興味を持った。なかなか活動写真は面白い。英一は映画製作の奥深さに引きこまれていった。

あるとき、試写で四郎五郎の新作を見た英一は、映像がきれいなのに驚いた。街の映画館で見た松之助はこんなではなかった。そのことを話すと、枝正は目を見開いて英一にいった。

「そこなんだよ英一君、映像はきれいでないとだめなんだよ!」

聞いていた英一が驚いてしまった。枝正にいわせれば、松之助映画は粗製濫造されていて、フィルムを節約するため当時は一秒に一六コマが世界標準であったものを八コマにしていた。これでは映像が悪くなるのも無理はない。枝正は、こんなことでは日本映画の未来はないと語った。

実際、尾上松之助の映画は猛烈なペースで製作されていた。それに対抗する天活も、会社からせかされ、新作を多く作らざるをえなかった。素晴らしい作品を落ち着いて作りたい枝正はいつもそのジレンマを抱えていたのだった。

この後、映像の美しさを見抜いた英一は、澤村四郎五郎主演の映画「雷電一作」で、カメラマン枝正の助手として本格的に撮影の世界に踏みだしていく。

枝正の教え

あるとき、枝正は英一を浅草の映画館に連れて行った。そこではイタリア映画、「アントニーとクレオパトラ」が上映されていた。大変な予算をかけた話題作であり、その迫力に英一は圧倒された。海外ではこんな作品が作られているのか……。引き比べると日本のチャンバラ映画は、チャチなものだと思った。映画の魅力にさらに引きつけられた反面、日本の遅れに驚かされた。

映画の後、カフェに英一を誘った枝正は感想を聞いた。英一は素直に海外作品のスケールの大きさ、立派さに驚いたと話したものの、枝正が今日、映画館に連れてきた気持ちをわかりかねていた。なんのためにこの海外の大作を自分に見せたのか……。しばらく映画談義が続くと、枝正は拳を握りしめて語った。

「英一君、僕はね……、いつか日本映画でも、海外の映画に負けない立派な作品を作りたいと思っているんだ。今はチャンバラ映画ばかり作っているけど、将来は、必ず海外でも通用する活動写真を作ってみせるよ！」

枝正が立ち上がって力説するので、英一ばかりかまわりの客まで驚いてこちらに注目した。

枝正は我に返って静かに席に座ったが、その情熱は英一の心に波紋を広げた。日本映画を海外の水準まで上げようという枝正の思いは理解できるものの、はたしてそんなことができるのだろうか。映画を芸術とみなし、優れた企画、豊富な予算を持って名作を作り上げる欧米の映画界に対し、製作費を削って粗製濫造し、利益が出て儲かればいいとチャンバラ映画ばかり作る日本――その差を埋めることができるなど当時の英一には想像もつかなかった。

野心作、「哀の曲」

数日後、英一が天活に出社すると、枝正が小躍りしている。英一を見るなり、「企画が通ったよ！」と話しかけてきた。

枝正が考えた新作の企画に、会社上層部からゴーサインが出たという。今度の作品は「哀の曲」というタイトルで、枝正が自ら監督を務め、浅草オペラの女優・川田貴美子を迎えて製作される現代劇だ。製作は順調に進められ、枝正も意欲作だけに並々ならぬ情熱で望んだ。この作品で初めて、英一はタイトル部分の撮影を行い、カメラを握った。「哀の曲」はこんな話である。

東京で小学校校長・北村の娘が行方不明になる。その十数年後、北村の甥・健三が台湾へ写生旅行に出かけるが先住民族の一団に襲われ、別の部族の酋長に命からがら救われる。酋長の娘・ミヤーは健三に恋心を寄せ、彼には東京に婚約者がいるものの次第にミャーと恋仲になる。しかし、さらに別の部族の酋長がミャーを狙っており、ミャーの父親を殺し、健三らも狙うが、日本の守備隊に救出され、二人は日本へ行く。

日本に来たミャーは、あるとき池に身投げしようとしていた女性を救出する。その女性こそ健三の婚約者・次枝だった。

実は、ミャーは北村の長女であり、次枝の姉・満枝だった。満枝は子どもの頃誘拐されサーカスに売られ、台湾で見せ物にされていたところを酋長に救われたのだった。

悲しい運命を悟った満枝は自ら池に身を投げ、次枝に健三を譲る。

一八九五年に日清戦争に勝利した日本が植民地とした台湾を舞台背景とした「哀の曲」は、普通に暮らす少女が誘拐によって悲しい運命を辿る悲劇を題材としており、ストーリーは偶然また偶然の展開に抵抗はあるものの、めずらしい現代劇で画期的な作品だった。身投げする女性を助けた後、満枝が過去を思い出す回想シーンでは、劇場に尺八が持ち込まれ、効果的な音響を加えた。多くの場面展開やクローズアップなど、当時の映画界ではあまり見られない進歩的な手法も用いられた。

「哀の曲」は大々的に宣伝され、それなりのヒットを記録したが、日本映画の流れを変えるほどには至らなかった。それでも時代劇ばかりの日本映画界に一石を投じた作品として映画史に名を刻んだ。そして、時代の先を行く作品に当初から関わったことは、英一の映画人生に大きな影響を与えた。

天活の最後と国活

一九一九年（大正八年）の末、天活に思わぬ衝撃が走った。会社が新興の映画会社・国際活映株式会社（国活）に吸収合併されたのである。

当時、活動写真は新興産業であり、投資の対象とされていた。活動写真会社に金を預け、当たれば儲けものという程度の投資家が多く、会社の集合離散が当たり前のように行われた。すぐに利益に結びつく安直なチャンバラ映画が粗製濫造されたのもそのためだ。業界全体が安売り競争を繰り返すような職種はなかなか改善できない。日本映画のレベルを上げようと努力を続けた枝正や日本映画界に革新をもたらしていく帰山教正《かえりやまのりまさ》らが所属した天活は、かえってそれが仇となった。

ともかく、枝正も英一も以降は国活所属となった。映画会社は変わったが、やることは同じ。英一は、先輩や同僚が一緒にいることで、そんなに不安を感じたわけでもなかった。

国活に移った枝正らはすぐ次の作品、「鳥の籠」に取り組んだ。

「鳥の籠」は、室町時代を舞台にした作品である。戦で敗れ落城した城主のお姫様が、付き人の侍と船に乗って脱走し逃げのび、無人島にたどり着く。そこで二人は救出を待つが、結局救いはなく死に至るという内容。同様な題材を扱った作品は内外を問わず作られたが、その先駆けとなるような映画だった。

室町時代ということで、英一はきちんと時代考証することを進言した。以前より英一は日本映画の時代考証の杜撰さが気になっていた。その時代の風俗習慣を正確に表現しないと、子ども騙しのような作品になってしまう。枝正も納得した。英一は都新聞（現在の東京新聞）の連載小説で挿絵を担当していた版画家・井川洗厓《せんがい》のもとを訪ねた。井川は英一が亜欧堂伝善の子孫であると知ると大いに喜び、詳しい情報を教えてくれた。

映画ははるばる大島に渡ってロケが行われたが、ロケで撮れない部分はスタジオで撮影した。だが幻想的な場面の雰囲気がどうにも出ない。

英一はアーク・ランプを照明にしてみたらどうかと提案した。アーク・ランプとは映画館で映写機に使用する電球で、スクリーンに映像を映すための光源である。この提案を実践すると、確かに幽玄で、これまでにない映像が出来上がった。

この作品は海が舞台のドラマであり、嵐が重要な場面の一つになっていた。今までは嵐の場面の撮影では、大きなうちわをスタッフがあおいで風を吹かせていたが、英一は井戸に使用していたポンプのモーターを使って大きな扇風機を作り、強い風を送り出すことにした。これは関係者に好評を博し、一躍英一の名は会社中に知れわたった。

「やっぱり、思っていたとおりの男だ……」。枝正は英一の仕事を喜んだ。自分の目に狂いはなかった。英一自身もその成果に満足した。自分は映画界でも十分やっていける。これから大いにがんばってみたいと自信にもつながった。

一九二〇年（大正九年）には東京工科学校および錦城商業学校を卒業し、英一の前途に明るい兆しが見えた。

六　国活での苦闘

枝正渡米

一九二一年（大正一〇年）、枝正義郎は以前より希望していた五か月間の渡米旅行に赴く。当時の映画人は、ある程度のキャリアを積むと、海外修業が常だった。枝正も映画の先進地アメリカでたっぷりと知識を得、今後の仕事に役立てたいと考えていた。

三月三〇日、横浜港から旅立つ枝正を英一ら旧天活の同僚が見送った。

枝正は英一の肩をポンと叩き、しっかり勉強してくるからそれまでがんばってくれと、英一にエールを送った。英一は一抹の寂しさを感じた。これまで枝正は親のように面倒をみてくれた。英一にとっては、映画＝枝正のような存在だった。その枝正がいなくなって大丈夫だろうか？　しかし、悩んでいても仕方がない。英一は、これからも一生懸命やっていこうと自分に言い聞かせた。

迷いの日々

しかし、不安は現実のものとなった。

国活は天活よりも後に設立された会社だったが、職員は他社から引き抜いてきた寄せ集めであり、安直なチャンバラ映画を量産する旧態依然の映画人が大半だった。彼らは変革を嫌い、枝正や英一のような改革派を好まない。枝正は日本映画の草分け的存在であり、逆らえなかったが、新顔の英一はイジメの標的にされた。

所内で英一を見つけると、古株のカメラマンがからかいに来た。

「ツブラヤエーイジ君、こんにちはー」

すぐに取り巻きが大笑いする。英一は東北訛りがとれず、自分の名前を「エーイジ」としか発音できなかった。訛りは誹謗中傷の対象となる。くだらない話だが、そんな日々が続いた。

天活からの先輩で、二歳年上の片岡清は、あんな奴らは気にするなといつも英一をかばったが、英一には耐えられないほどつらかった。

英一は裕福な商家に生まれ、まわりが何かと面倒をみる環境の中で育った。それだけに打たれ弱かった。英一は、切ない気持ちを叔父・一郎に宛てた手紙に吐露している。

一郎様

昨日は葉書で失礼申し上げました（中略）いっその事面倒ですから家に帰って郡山辺りでも勤めようと思う事が度々あります。（中略）なつかしい国元であたたかい母上や兄さん達の情に活きて居たらと思います。（中略）私は須賀川の事を慕わずには居られなくなります。この間、須賀川に帰った時、○○〔判読不明。以下も〕が郡山辺りに来てはどうかと申されました。よほど私の心が動きましたが、しかし私はまだ修業中です。遠い遠い今後の事に比べたならば、今の心配は、小さな船で川を下って海に出ようとする時、川の岩石を避けて通っている様なところでしょう。今ここで気をくじき、また、弱い心に負けたのでは、現在までは言うまでもなく、将来も何の価値もない無意味なものになってしまいます。

　私はしばらく修業します。すべてに自由なこの土地でできるだけ、力を尽くしてみるつもりです。人生の成功は如何なる職業で成し遂げられるかも知れません。自分がこれを望んでいた事も中途で中止せねばならなくなり、思いもよらぬ方面で成功した例は沢山あります。私は最初の通り飛行機をやりたいと思いますが、主なる望みは出来ぬまでにも発明家として出立《ママ》たいのですけれども、発明ばかりではとても立てません。何か他に職業がなくてはかないません。それで今までの望みでもあったのですから、飛行機の技師としての職を持っていて発明もしようかとも思います。けれども昨日〇〇に会ったら、姉さんはむしろ商人の方を選ぶとのお話しでしたし、私も以前から電気機械の製作商人になりたいと思っていましたから、家の方さえ許して下されば、大層私には好都合でございます。国際活映で今度、奈良に撮影所が出来て私もその方へ行く様に言われましたが、望みにいたしますので、引こう引こう〔当時の表現でやめようやめよう〕と思って取引所に急に出たいからと話して戴いたのですが、それで今日十日に奈良へ出発して向こうに勤めきりになるのですから、一応願書を出して待って戴くことにしてあります。

　家でお許し下さるのなら、この際、国際を引いて〇〇製作をやろうと思います。電気や機械、化学の研究にはもってこいです。たまに始終《ママ》学校などに行って機械や化学の試験をやりに行きますので、自分のためにはどれほど為になるか知れません。（中略）また月々の給料も国際へ出てもらっているよりも良く、それに色々の機会を得るにもよろしゅうございます。すべての点に結構でしたから、いつも私は考えていました。

家でお許し下さるのなら、国際を引く場合もありますからなるべく早くご返事下さい。（中略）乱筆で申し訳ございません。

英一

英一の気持ちは揺らいでいた。手紙を書いている最中にも心変わりがした。最初はがんばってみるといいながら、後半ではまた帰りたいといい出す。精進する意志と、不安な気持ちが交錯する。上京して数年で、飛行学校入学と退学、工科学校入学と玩具会社への入社、そして二つの映画会社での勤務と、めまぐるしいまでの変化の中で、心の整理がつかなかったのだ。

叔父の一郎はそんな英一を叱咤激励する手紙を出した。

当地は牡丹は終わったし農蚕繁忙の時期で非常に閑散極まる時となりました。我ら一日無事に暮らしています。

この間は上京して突然に夢《マ》を驚《マ》かしました。実は一ヶ月以上の頃、○○さんから突然英一君の近頃の挙動が一変した様だから将来の事に付いて膝を交えてよく相談したいから折りがあったら上京して訪ねてもらいたいという書面があった事だから、いつか時を見て行ってみようと思っていた（中略）訳でありました。

（中略）一層努力して堅実な方針を採り、東京なんかにおいてハイカラの不甲斐ない人間に成ってては仕方がないという言うておるのを色々と弁護して目下の境遇に置かせる僕達に対して鼻を明かせる様な事のないように切に望んでおる。若し君が我々の顔を汚す様な事でもあったとすれば君のために色々と弁護してきた我々が君の行動に対して余り信を置かなかった人に対し、合わせる顔がなくなってしまう。そんな事になったら実に面白くない、なさけない事だ。どうかその意を汲んで堅忍力行してもらいたい。

僕と君とは叔父甥の間とは言え兄弟同様、君も何事に依らず打ち明けて相談をし僕もまた胸襟を開いて相談に乗りたいのであるが、君に隔意あり何事に依らず相談をしてくれないのを僕は悲しむのである。願わくばそんな水臭いことは排して隔意なき相談をしてもらいたいのであります。

（中略）あんな誘惑の多い所にいて若くして堕落でもしやしないかという不安。それさえ無かったら目下の国活の様に君の趣味に叶った様な所は双手を掲げて賛成するのであります。

国元に帰って実直に電気会社にでも勤める事は此方のためには最善の策ではありますが、君の将来のためにはあまり感心せぬ事であるから国活によく勤める事に僕も考え直してお勧めいたします。

君がこれから一変して公明正大の言行に専化してくれるとすれば此度の上京も決して無駄ではなく、より以上有意義であった事を思います。

願わくば（中略）、君の一身上について心労している事を了せられて馬耳東風に聞き流さざらん事を切に切に祈り申し上げます。

英一君　　　　兄より

叔父の一郎は、英一の進路を具体的にフォローしようとするのではなく、一人の人間としてまっとうに生きるべきだと諭している。前の手紙にもあるように、英一は今後の道筋について迷うと常に一郎に相談している。やはり英一には一郎が最も信頼すべき存在であり、一郎も戸籍上の叔父、甥の関係ではなく、兄と弟であると強調する。

こんな励ましもあり、英一は国活での映画人生を継続することにした。

兵役

一九二一年八月末、枝正が帰国した。枝正を乗せた船が横浜港に到着すると、かつての天活の同僚や映画関係者が大勢出迎えた。英一も師匠の帰国を誰より喜んだ。

枝正はすぐ国活に復帰して映画作りを再開した。だが、アメリカで多くの映画関係者や撮影監督、経営者らに出会い、たくさんの知識を吸収してきた枝正は、日本映画界の旧態依然とした体質に不満をぶちまけた。

「資本家が肝心の製作に就いては何等の研究もしていない。製作に対しては粘土細工か何か作る様な気持ちでいるに過ぎない。撮影所の設備、現像場の構造等はどうでもいいぐらいに等閑に付せられている」「作者、技師、俳優等の中には、欧米見学に出かける人もあるが、然し未だ斯界に資本家として出かけた人は殆どない。これが第一の誤りと思いたい」(『活動倶楽部』一九二四年二月号。ただし現代かなづかいに改めた)

確かにそのとおりだった。映画会社を経営する資本家たちは、映画を投資のビジネスとして見ており、安い投資で儲かればそれでいいと思っていた。その一方で、海外の優れた作品を購入して日本で興行を打ち、利益を得ることだけが望みで、彼らには日本映画の品質を向上させる意識はなかった。これが枝正のような人物には腹立たしかったのだ。

だからこそ枝正は、これから英一のような将来性のある映画技術者とともに日本映画の発展に努力していこうと思っていた。しかし、その思いは中断されることになる。

一八八九年(明治二二年)に施行された徴兵令により、当時は男子に兵役の義務があった。二〇歳を超えた男子は健康であれば二年ほど軍隊に所属しなければならない。そして、英一にそのときが訪れたのである。

七　会津での英一

会津と歩兵連隊

英一が配属されたのは、歩兵第六五連隊、通称若松連隊であった。

この歩兵連隊がある会津若松は、戊辰戦争によって壊滅的な被害を受けた土地でもあった。かつて武士階級の人々は、さいはての地・斗南藩（下北半島）へ送られるなど冷遇を受け、新政府から「賊軍」の汚名を着せられた。これは地元の人々にとってたまらない屈辱であり、その怨恨は現在も消えてはいない。後々まで中国、九州地方の人との縁談は破談になることもあった。

近代日本が初めて戦火を交えた日清戦争ののち、日本は富国強兵策のもと、急速な軍備増強を進行させていたが、会津では早くから軍連隊の誘致を希望し、幾たびか陳情が行われ、一九〇七年（明治四〇年）、若松連隊設置の運びとなった。第六五連隊は会津藩の拠点の鶴ヶ城の北、かつて武家屋敷が広がっていた地域に兵営、三ノ丸東側と城外に練兵場が設けられた。

若松歩兵連隊は朝鮮、中国北部、シベリアなどに派遣されたが、英一が除隊になった二年後の一九二五年（大正一四年）五月、軍縮によって廃止となり、代わって第二九連隊が配備されている。

歩兵第六五連隊は、のちに満州の関東軍でその名を知られる石原莞爾が教官に就任し、猛烈な訓練を課したことでも知られる。

石原は自らの著書、『戦争史大観』で、「明治の末から大正の初めにかけての会津若松歩兵第六十五連隊は、日本の軍隊中に於ても最も緊張した活気に満ちた連隊であった。この連隊は幹部を東北の各連隊の嫌われ者を集めて新設されたのであったが、それが一致団結して訓練第一主義に徹底したのである。明治四十二年末、少尉任官とともに山形の歩兵第三十二連隊から若松に転任した私は、私の一生中で最も愉快な年月を、大正四年の陸軍大学入学まで、この隊で過ごしたのである」と述べている。

戊辰戦争で朝敵と蔑まれた会津に歩兵連隊ができても、そうそう優秀な指導者が来るわけでもない。そこで石原は、徹底した指導によって優れた歩兵連隊に育てた。当初は「各連隊の嫌われ者」と自嘲したのだろうが、「最も愉快な年月」と語るように、石原の指導は成功した。

こういう歩兵連隊は、英一にとって悪くはない場所だった。戦時ではなく平和な時代だったのに加え、古くから会津と須賀川の交流は続けられ、風俗習慣も共通していた。この地域では数え年で一三になると会津虚空蔵尊への「十三参り」が慣習になっており、須賀川からお参りに来る人もいた。都会の喧噪に疲れていた英一にとって、会津の自然は心の安らぎとなり、義務としての兵役もさほどの抵抗は感じなかった。

野口英世

英一は工科学校出身を買われ、通信班配属となった。ぬきんでた技術を持った英一はすぐに才能を発揮し、同僚から慕われるようになった。軍隊生活では自由人である英一が苦痛を感じる場面もあったが、それまでいた東京での人間関係にウンザリしていたこともあり、近しい地域の人々と楽に過ごすことができた。

この頃、会津の人々にとって一番の話題は、郷土の偉人・野口英世だった。

野口英世は一八七六年（明治九年）、現在の猪苗代町生まれで幼い頃囲炉裏に転落して左手に大火傷を負い、指がほとんど動かなくなったが、会津若松の病院で手術を受け、指が自由に動かせるところまで回復する。それがきっかけで医者の道を志した英世は単身で渡米し、以降、蛇毒の研究、梅毒スピロヘータの発見など多大な成果を誇る。

英一が連隊に所属していたのは、野口英世が世界中を飛び回り、新たな病気の克服に次々と取り組んでいた時期だった。野口は世界のどこかで疫病が流行ると飛んでいき、ワクチンを開発して人々を助けた。まさに人類の救世主的な活躍で、何度もノーベル賞候補になっていた。そういったニュースはそのつど郷土の会津でも大きな話題になり、故郷の誇りとして最大の尊敬を集めていたのである。

野口の活躍は戊辰戦争に敗れた会津人たちにとって最もうれしい励ましとなった。地元、会津地方から招集された同僚らは、いつも野口の活躍を誇りにしていた。

彼らの話によれば、野口は医師の国家試験を受験するために上京する際、自分の意志を柱に彫り込んで出発したという。それはこのような一文だった。

「志を得ざれば再び此の地を踏まず」

自分の夢や希望が達成されないなら、二度と帰っては来ない……強靱な意志を持って旅立った野口は、見事世界に冠たる医学者となった。

すごい人だな……英一は感激した。自分も何かを成し遂げるときには、このぐらいの覚悟で臨まなければならないだろう。野口が彫り込んだ言葉は、英一の心にも刻まれた。

野口は一九二八年(昭和三年)、黄熱病の研究で訪れたアフリカで自らも黄熱病に罹患し、五一歳の命を閉じる。その後、金銭感覚のなさ、酒癖の悪さなどマイナス面も指摘され、研究成果はのちの時代に否定されるなどしたが、ハンディを克服して独力で世界に飛躍した努力は今日に至っても

除隊記念。英一は最上段右より5人目（円谷誠氏提供）

高い評価を受け、千円札にも起用された。海外でも会津出身を誇りとし、「オレは会津の侍だ」といい続けた野口英世。若い英一は、自分もがんばらねばと考えた。

除隊

一九二三年（大正一二年）一〇月、英一は実家の一郎宛に手紙を書いた。


　この後はめっきり秋めきました。

　茸狩りも時節柄好適でしょう。

　こちらでも山へ行く人がたくさんあります。除隊はよくわかりませんが、早くなるという話もあります。

　とにかく、今度の団隊長会議で決するそうです。機動演習は無い事になりました。

なんだか一日が千日のような気がします。

会津も晩秋を迎え、紅葉の最盛期となった一一月、英一に連隊から除隊命令が出た。二年間の兵役が終わった。会津若松駅から磐越西線の列車に乗り、実家へ向かう英一を同僚らが見送った。二年間の軍隊生活は楽ではなかったが、ここでは仲間に恵まれ、充実した日々だったようにも思えた。何より会津の風土と人情は、それまでの東京とは真逆の温かみがあった。

ポーッと汽笛が鳴る。汽車はゆっくりと会津若松駅を出発した。車窓から見送る仲間たちを見ると、涙がこぼれてきた。会津三泣きというが、本当だった。英一は苦笑した。

八　故郷との別れ

帰郷

須賀川駅に着くと一郎が待っていた。二人は駅から実家まで歩いて帰った。

家ではナツが英一の帰りを今か今かと待っていた。

ナツは英一の帰還を赤飯で祝った。楽しい食事だったが、家族みんなが何か変な雰囲気だ。家族は英一の今後について、話し合いを持ちたかったようだ。

飛行機や玩具の発明、それに映画など、田舎の人から見ればなんとも変わった変遷を経た英一だが、家族としてはこの辺で実家に戻り、今後は一郎とともに大束屋の一員として家業を盛り上げてもらいたい希望があった。

ナツや一郎は、二か月前の九月一日に発生した関東大震災のことを持ち出した。現在の東京は惨憺たる有り様で、徐々に回復してはいたが、震災から立ち直るには時間が必要だった。映画界でも日活向島撮影所、松竹蒲田撮影所など主要な映画施設も被災し、映画製作はストップしている。これでは東京へ戻っても何もできない。それならいっそ東京へ戻らず、故郷で働いてみてはどうか、家族の願いはそれだけだった。

英一自身も、東京での人間関係の煩わしさと、人の冷たさにウンザリしていた。あの世界にまた戻るのはやや抵抗もある。それなら実家で仕事を手伝った方がいいかもしれない。

「……うん、そうするよ」

英一の言葉で、一瞬にして緊張が解け、安心した雰囲気に包まれた。みながその言葉を待っていた。

ナツは英一を手元に置きたかった。かわいい孫がまた飛行機など危ないものに興味を持たれては困る。それよりは一郎と一緒に家業を盛り立ててくれればありがたい。連隊にいる頃から、何よりそれを望んでいた。

当時の商家は、外部の人物がいても番頭や使用人など一部の存在を除いて家族、親族が中心となって運営するのが一般的だった。親族の男性は働き手として何より重宝された。だから、ともかく英一が納得してくれたことで、円谷家のみなが安堵した。

この頃、叔母のツルがスピリチュアルな世界に目覚め、占いをしきりに行うようになり、滝に打たれて修行するなどしていた。英一自身が最初の上京の際に寺で占ってもらったが、ツルもまた周囲の人々の姓名判断などを行っていた。そのツルが、英一の名前を、今後は「英二」にした方がいいという。

いずれ一家の中心は一郎になる。「一郎」、と「英一」では、長男が二人いるようでおかしい。そういうわけで家族も賛成し、英一は「英二」と呼ばれるようになった。

ただ、この後ずっと英二で通したわけではなく、映画のクレジットにはずっと後でも「英一」名義のものがあり、この時期から完全に「英二」になったわけではない。

実家での障害

英一の仕事はまずお得意先回りだった。糀の必要な味噌、しょうゆなどを製造する店を回り、注文をとる。やってみるとけっこう面白い。毎日十数軒の店を回ると、「大束屋さんかい！」と顔なじみの人から声をかけられる。幼い頃遊んだ通りなどは実に懐かしい。ほのぼのとした雰囲気を味わった。故郷はいいものだ。

しかし、二、三か月過ぎると様子が変わってきた。原因はツルの婿養子・一積《かずみ》である。一積は軍隊上がりの規律正しい男であり、英一や一郎よりも年上だった。仕事には何かと厳しく、ときには英一を怒鳴りつけることもあった。

一積は朝五時起床を英一に強要した。男子は真っ先に起き、商売の準備をするものだという理屈である。これでは連隊生活に逆戻りだと英一は嘆いた。

ナツやツルは英一を擁護する。特にツルは自らの占いが告げる「この子は三三になったら必ず出世する」という英一の未来に、長い目で見てほしいと諭すが、それがますます一積の怒りに火を付けるのだった。

当時の映画界は新興産業であり、映画関係者を蔑む傾向があった。活動写真などは子ども騙しであり、教養ある大人の見るものではない。そんな世界にいた英一は、まともな奴ではない、一積はいつも「このカツドウ上がりめ！」と英一を侮蔑した。

一積の傲慢さにウンザリした英一は、やっぱり東京に帰ろうか、と思うことも多くなった。映画の世界に戻りたいとも考えるようになった。

英一の決心

この頃、英一の気持ちを揺るがす出来事があった。須賀川に常設映画館が開館したのである。

一九一九年、大東屋からすぐ近くの宮崎町に、岩瀬地方初めての常設映画館、「中央館」が開館した。翌年にも本町に「須賀川座」という映画館がオープンし、映画の波が遂に須賀川にもやって来た。

懐かしい映画……。英一は一積の目を逃れ、しばしば映画館に通った。弁士はあまりうまくなかったが、映画に夢中になっていた時代を思い出した。

ときには、以前仲のよかった同僚の名をスクリーンで見ることもあった。自分と同じ年齢の人々が映画界で大活躍している。自分だけが取り残されている気持ちになった。「これでいいのだろうか、やはり、映画を続けるべきではないのか……」。

映画は、師匠・枝正の教えを受けた英二が自分の力を発揮できた場所だった。飛行機の夢は破れたけれど、映画が自分の力を受けとめてくれた。「また、映画の世界に戻りたい、映画の世界で実力を発揮したい」、英二は次第に映画界への復帰を考えるようになった。

須賀川にやって来た新興産業には、こんなものもあった。

ロシア革命により、革命側でなかったロシア人たちの多くは海外に活路を見出した。「白系ロシア人」と呼ばれた彼らの一部は日本にもやって来て、全国に毛織物を行商して歩き、これにより一気に衣服の西洋化が進んだ。洋服が増えればそれを洗う店も必要となる。横浜、神戸など港から伝播した西洋のクリーニング技術は「西洋洗濯」と呼ばれ、洋服の普及とともに全国に広まった。

一九二〇年、大束屋の三〇メートルほど北に西洋洗濯店を開業した鈴木正吉は、当時、須賀川に同種の店がなく、開業以来、濡れ手に粟の大繁盛となった。正吉は英一と同い年で、同じ町内で接点があった。ある日、二人は須賀川の下がり（町内商店街から東側へ下る坂道に広がる商店街）に繰り出した。英一は新規事業に成功した正吉に話を聞きたいと思っていたのだった。

英一が、なぜ西洋洗濯店を志したのかを正吉に尋ねると、酒の勢いで自分の苦労話をとうとうと述べた。正吉は隣町の郡山・成田にある農家の三男坊で、一〇代の頃に親が勝手に決めた縁談で婿入りすることになり、あまりに封建的なやり方に憤って家を飛び出し、郡山にある老舗洗濯店に丁稚奉公し、二年後に独立して須賀川に店を開いたところ、それが時流に乗って大当たりしたという。今は弟子を一〇人も抱え、左団扇の生活となったが、家を飛び出すときには相当の覚悟だった。

次第に酒が進み、正吉はますます饒舌になった。

「英一さん、世の中はどんどん変わるんだ。古い考えはだめだよ。男は勝負だ！」

英一はこの言葉をまともに聞いた。そうか、男は勝負か。すでにへべれけになっていた正吉の前で、英一は堅い決心を持った。

「俺は映画界に戻ろう。今度こそ、がんばろう……」

未来への脱出

ある日、ナツは英一に、世話になっている白河の弁護士に、イモガラを持っていくよう頼んだ。

「よし、今日行こう……」英一はとりあえずの着替えといくらかの金を持ち、須賀川駅へと向かった。須賀川から白河へは東北本線上りで向かう。その先にあるのは東京だ。英一は野口英世の実家に刻まれた文字を思い起こした。「志を得ざれば再び此の地を踏まず」、まさに今の英一の心境だった。

汽笛とともに汽車が駅をゆっくりと出発した。故郷がだんだん遠くに見える頃、英一は唇をかみしめた。

大東屋では夕食の時間になっても英一が帰らず、どうしたのかとあちこちに連絡していた。家族が心配する中、一郎だけはなんとなくわかっていた。

「英一は、東京に向かったのかもしれないな」

一郎には予感があった。このところ英一の表情が冴えなかった。実際、自分も英一はここにいるべきではないと考えたこともあった。

数日後、英一からこんな手紙が届いた。

突然に二一日の夜こちらに上京しました。しかし今度は強い決心をして来たのですし決して前のような間違いは起こしませんからどうぞお許し下さい。

私は過去の間違いによって皆様に心配をかけたことがなにより○○○〔判読不明〕のこととしてなりません。それで上京のことも言い渋っていたわけでした。もう皆様の心配を受け今度も上京させていただくということは苦痛に感じたのでした。そしてまた、そんな資格はないと思っておりました。

それで今度のことは裸一貫で上京して過去の失敗を挽回させねばならないと思っておりました。それにはどうしても一時に不孝であっても、東京に出て立派に働いてみたい、そして裸一貫から稼ぎ出したら、かえって苦しい努力だと思っておりました。上京の許可は皆様に許してもらえないと思い、上京時は秘密に出ようともう在須中からの計画だったのです。

正当に上京したと同時にお許し下さい。そうなれば私も愉快に一生懸命働き、今度は立派になってみせます。

上京した日は別に金もありませんでして、用件などの一同も汽車賃くらいしかありませんでしたから、小石川の友人の家にやどり、二二日、中野に着きました。こんな事情で上京したとはこちらも思っておらなくて、しばらく白石にお世話になって会社をみつけ、第一回の棒給《ママ》を得たら、家を借りて生活したいと思います。こんなことで上京したのですからかえって私は勘当されてもよいと思えます。例えば失敗しても自業自得であると思えば誰にも頼むような女々しいこともなく奮闘することができると思います。（中略）

私の、こんなことで出たことは家の人だけの胸に秘めていて下さい。そしてくれぐれも今度のことだけはお許し下さい。私は堅い決心があるのですから。

しばらくは、白石に居ります。

さだめしご多忙でしょう。どうぞご理解のほどを。

英一

母上様　皆様

白石とは英二の実の父親・勇である。勇は大束屋を離縁後、上京して製綿工場を営み、かなりの成功を収めていた。しかし、別の女性と結婚して家庭を持っており、英一と会いたいとは考えていなかった。英一は一五歳で上京した際、父親の居所はつかんでいた。そこで勇を拝み倒して、とりあえずは住居が決まるまで住まわせてもらうことにした。

英一は未来へ向かって脱出した。まだ見ぬ、未来へ向かって……。

第2部 特殊技術の完成

「ハワイ・マレー沖海戦」の真珠湾のセット

一　上京した英二

帝都の惨状

上野に到着した英二（話の都合上、ここから「英一」を「英二」とする）の前に、荒涼たる東京の風景が広がっている。一九二三年（大正一二年）に発生した関東大震災は、明治維新後の東京を初めて襲った天災だった。東京は瓦礫の山と化していた。

英一は文通で連絡をとっていた友人の家に行き、その後、中野で製綿工場を営む実父・白石勇を訪ねた。

仕事が決まるまで、という条件で勇の家で居候した英二は、天活や国活の先輩・片岡清を訪ねた。片岡は帰山教正が設立した「映画芸術協会」の職員をしており、ここに英二を招き入れた。英二の映画人生が再開された。とはいえ、まだまだ震災の打撃が大きい時期、なかなか映画製作はできない状況だった。

関東大震災は首都・東京を壊滅的に破壊したが、同時に古い文化を撤去し、新興産業をもたらす要因にもなった。かつての芝居小屋は焼き払われ、それに代わって映画館がたくさん作られた。長い目で見ると、震災は映画産業全般にむしろ追い風となった。

国活の復活

片岡が協会事務所に飛び込んできた。映画仲間から連絡があり、古巣の国活が復活するという。西新宿の撮影所は復旧の見込みが立たないが、巣鴨は再開する。また映画が作れるようになった。英二たちは喜びをかみしめた。

巣鴨撮影所に行くと、経営者の小林喜三郎が職員を集合させ、撮影所再開の挨拶をした。日本映画界初期の興行師として名をなし、国内映画製作ばかりか海外作品を輸入した実業家の小林は、映画へのこだわりを捨ててはいなかった。

ただ、小林の挨拶は心なしか元気がなかった。国活を復活させたものの、今後、いつになったら東京は以前のような賑わいを見せるのか、この時点で皆目見当がつかなかった。

事実、ここにいるのは経験の少ない若者ばかりで、それまで活躍していたベテランの映画人らは震災を機に引退するか、映画の新天地・京都へ移っていた。実家を飛び出し、出世しなければもう故郷には帰れない英二はここでがんばるしかないが、小林はただ見栄を張っているだけにも見えた。今までは枝正らに従っていればよかったが、ここでは自ら率先して映画作りをしなければならない。英二の中に不安がよぎった。

そんなとき、他社から引き抜かれてきたという男を紹介された。外国人のような整った風貌をした美青年俳優の「内田吐夢《とむ》」だった。しかし、思い立って監督の道を志したという。「これから監督をするのでよろしく」。英二は俳優としての内田を知っていたので驚いたが、人材の乏しい国活としては大歓迎だった。そして、英二はカメラマンに指名された。

英二の最初のカメラマン作品は「延命院の傴僂男《せむし》」(一九二五年)という時代劇だった。枝正らに技術を伝授された英二は撮影の理屈はよく理解している。なんとかがんばり、作品は完成した。しかし、東京はまだ復興途上で、映画館がほとんどない。ようやく浅草で上映されたが、発表する場がなければ、いくら映画を作っても観てもらえない。

「東京でがんばっても仕方がないのか……」。内田吐夢も英二も落胆した。その後、二人は「義血」(一九二五年)という作品も手がけたが、もはやこの職場での活動には意味がないように思えた。のちに傾向映画や数々の名作で名をなす内田吐夢と英二の接点は、この時代だけだった。

京都へ

この時代、映画人たちは京都に移っていた。日活、松竹といった老舗映画会社でさえ、京都が活動拠点となっていた。英二が東京に来たことを知った国活時代の先輩・杉山公平は、英二に京都入りを勧めた。この助言に従い、英二は多くの映画人と行動をともにした。

関東大震災の影響で、京都が映画の中心になった。松竹は下賀茂、日活は太秦に撮影所が建てられ、現在でも続いている。英二の映画人生は、これからしばらく京都で展開される。

多くの映画人が抜けた国活はまもなく瓦解した。末期には、もはや将来性のない芝居の女形を大勢受け入れていた。一時は老舗の日活にも対抗する勢力だった国活倒産の要因は、震災のダメージというより、映画界の先行きを見誤った経営者の判断ミスといえる。

二　「狂つた一頁」の発表

京都に着いた英二

京都駅に到着した英二を、杉山公平が出迎えた。

京都の撮影所は映画人たちが活発に動き回り、実に活気のある職場だった。英二はもっと早く来ればよかったと後悔した。

実際、東京とは大違いで、日本映画界も進歩の兆しを見せていた。岡田嘉子《よしこ》、夏川静江、入江たか子など有名女優が登場し、俳優たちは人気スター的な存在となった。さらには五所平之助、斎藤寅次郎、小津安二郎などの監督も活躍するようになり、活発な映画作りが行われていた。

杉山の声は誇らしげに聞こえ、彼の映画生活は順調らしい。杉山は衣笠貞之介《ていのすけ》が立ち上げた新感覚派映画連盟に所属し、専属カメラマンとなっていた。今までにない、新しい映画を作るのだと意気込んでいる。

この後、英二は連盟のリーダー・衣笠貞之介に面会した。衣笠は細身で丸メガネをかけ、物腰の柔らかい人だった。英二とは国活で面識があり、すぐに打ち解けた。今後は英二もこの衣笠のもとで映画作りをしていくことになった。

この頃、衣笠は当時流行していたシュールレアリズムを取り入れた映画を製作しようと思い立ち、最初はサーカスを題材とした作品にしようと作り始めたが、作家の横光利一らと相談しているうちに、精神科の病院を舞台にした「狂った一頁」という作品となり、セット作りを始めていた。この話を聞いた松竹の経営者・白井信太郎が手を差し伸べ、資金協力することになった。白井の支持で新感覚派映画連盟は、「衣笠映画連盟」と名乗るようになった。

衣笠も杉山も夢に燃え、気概に溢れていた。英二はここで何か新しい、途方もないことが始まる予感がした。きっと何かすごいことがある、英二は期待で胸をふくらませた。

日本映画の先駆者・衣笠貞之介

衣笠貞之介は一八九六年三重県生まれ、英二の五歳年上である。幼い頃より芝居の俳優として活躍し、一九一七年に日活向島撮影所に女形として入社している。映画界も黎明期には女性の進出を許さず、男優（女形）がそれに代わる存在だった。まもなく女性は女優が演じるようになり、女形の出番はなくなった。一時国活にも在籍した衣笠は京都に移動し、以降、製作の側になっていた。

京都での衣笠は常に時代の先を行く作品を発表した。マキノ映画に採用されると、時代劇の全盛期に、「恋」、「寂しき村」など現代恋愛劇を製作した。作品は、会社から高い評価を受けたものの検閲で許可にならず、警察から上映禁止勧告を受ける羽目に陥った。当時は公序良俗規範が厳格で、男女の恋愛を題材に扱うことはタブー視されていた。

衣笠はこれにめげず、歌舞伎界の大御所・二代目市川猿之助を主演に据えた横光利一原作の「日輪」を製作したが、これは当時の国定教科書では不許可の邪馬台国・卑弥呼をモデルにした小説であり、政治団体などから「日本の歴史を冒瀆するのか」と抗議を受け、上映困難となった。映画への情熱は人一倍なのに、時代の先を行きすぎて失敗を繰り返す衣笠は、「おかしな映画ばかり作るな」というマキノ映画経営陣と対立した。そして、三〇歳になり、この辺で何かやらなければと、マキノ映画を飛び出し新感覚派映画連盟を結成する。既成概念に囚われない作品をと意気込んだ衣笠は、当時の新鋭作家や映画人の才能を結集し「狂つた一頁」を発表する。

のちに英二とは「黎明以前」、「或る夜の殿様」などで映画製作に関わり、一九五三年の「地獄門」でカンヌ国際映画祭のグランプリを獲得、アカデミー賞で衣裳デザイン賞および名誉賞を受賞した。「地獄門」はフランスの芸術家ジャン・コクトーからも、「これこそ美の到達点」と絶賛されている。

日本映画界を語る上で欠かせない一人である衣笠は、英二との接点がそれほど多くはないが、「狂つた一頁」に関わったことで、英二の映画人生に多大な影響を与えた。

「狂つた一頁」

「狂つた一頁」は、衣笠が全力を傾けた野心作である。作品はまったくの無声、弁士も楽団も付かず、ただ映像があるのみ。そのストーリーはおおよそ以下のような流れである。

延々と降り続く強い雨が建物の窓を濡らす。そこは精神科の病院、ここで小間使いとして働く男がいる。この男は元船乗りで、長い航海に出ていたとき、妻がノイローゼ気味となり、子どもを道づれに心中を図る。命は助かったものの、その衝撃から精神を患って入院する。男は責任を感じて

「狂つた一頁」
（Wikimedia Commons）

正体を隠して病院で働いている。患者の中には自分を踊り子と思いこみ、耳に響くブラスバンドの演奏で一日中踊っている女や、人の顔がお化けに見えて怯える人などがいる。

この病院に二人の娘が母を見舞いに訪ねてくる。娘は縁談を持ちかけられたため、母親に相談しようと病院を訪ねたのだが、母親はもはや何の反応も見せず、父のことも許せずに寂しく去っていく。この縁談は破談となるが、男は娘の結婚祝いの品を福引きで当てる夢を見る。

ある日、男は妻を病院から逃がしてしまおうとする。病院では患者同士のいさかいが絶えず、妻も辟易しているように感じたからだった。ところが、妻は世間を怖がり、また病院に帰ってくる。結局、患者らにはこの病院以外に頼るすべはなく、病院だけが各々の夢に浸ることができ、存在が許される安住の場所なのである。

字幕もなく弁士もおらず、観客は自分の想像でこの映画の筋を探る以外にはない。その上ドラマは過去と現在、そして現実と夢が交錯するきわめて難解なものであった。フラッシュバックを多用し、狂人が生み出した幻として登場する幻想的な特撮場面が多出するこの作品は、それまでの日本映画のみならず世界的な標準からしてもあまりに前衛的だった。

この作品発表の約一〇年前に勃発した第一次世界大戦は、文明はすべからく人類を幸福にする、というそれまでの定説を吹き飛ばす出来事だった。巨大な規模での殺戮が行われ、大勢の人々が亡くなったヨーロッパでは、理性で自分をコントロールできない人間の愚かさ、凶暴さに愕然とし、「人間」とは何か、「私」とはいったい何者なのか、改めて問う新しい芸術運動が始まり、アンドレ・ブルトンらがシュールレアリズムを提唱した。

いち早くそれを知った川端康成、岸田國士、横光利一らはそのエッセンスを取り入れ、「狂った一頁」の台本を作成した。

当時から映画雑誌の中心的存在だった『キネマ旬報』(一九二六年一〇月)はこの作品を絶賛した。

「日本で生まれた、最初の映画らしい映画だ。と、私は確信を持って断言する。そしてまた、日本で作られた、最初の世界的映画だ」

「狂った一頁を見て、私は思わず身震いをして、身体をコチ〳〵に緊張され、眼には少しばかしの嬉し涙さえためて、そして今まで日本の映画製作者の誰にも感じなかった尊敬を改めて衣笠氏に感じた。とにかく彼は映画を知っている。いや、まだ知ってはいないかも知れないが、感じている。彼の描いている美は、決して劇的でも小説的でも絵画的でもなく、とにかくあらゆる既成芸術と無関係な(といってもいい)美である」

まさに絶賛の嵐だった。

これは世界映画史においても驚異的な出来事だった。シュールレアリズム映画の代表作であるルイス・ブニュエル監督の「アンダルシアの犬」は一九二八年の作品で、「狂つた一頁」の二年後である。これだけ時代に先行した作品が、欧米を差し置いて日本に誕生するとは誰もが考えていなかった。衣笠貞之介の先見性は驚嘆に値し、協力した新進作家たちもその能力を十分に発揮した。

しかしあまりに時代の先を行きすぎたこの作品は、当時としては異例の洋画専門館で上映されたが、庶民にまったく受け入れられず、興行的には失敗だった。続いて、ドイツ表現主義の手法を取り入れた「十字路」も撮影されたが、衣笠はこのフィルムを持って欧州へ旅に出る。本作は欧米の映画人から賞賛されたものの衣笠映画連盟は解散し、残されたスタッフは多くが松竹の所属となった。

英二の自信

「狂った一頁」の冒頭のクレジットには「撮影助手」として英二の名が紹介されている。超現実的な映像を多用する作品だったが、それまで枝正に習った忍術映画の特撮は大いに役立った。

さらに、めまぐるしく展開する場面を撮影するため、カメラに「パン棒」と呼ばれる操作用の器具を開発した。

「これが映画か、こんな映像もできるのか……」。英二は、枝正から何度もいわれた「いつかは外国映画に負けない作品を」という言葉を思い出した。時代を先取りしたこの作品こそ、まさに「外国映画に負けない」ではないか。さらに「超現実」という世界で、自身が習得した特殊技術を初めて使用することができたのも、英二にとっては誇らしかった。

この作品は興行的に失敗し、フィルムは倉庫の中に保存されたままだった。そして一九五〇年（昭和二五年）の松竹下賀茂の火災により焼失したとされていたが、一九七一年（昭和四六年）に衣笠の自宅で偶然フィルムが発見され、世界各地で上映されるなど時代の先見性が大きな話題となった。

このときすでに衣笠は世界の映画祭で何度も受賞する大監督になっていたが、若き日の作品も大評判となった。

のちに「ガメラ」シリーズを監督した湯浅憲明は、「狂つた一頁」を見て、「これこそ『ウルトラQ』だ」と語っている。映画全体の醸し出す雰囲気が「ウルトラQ」を彷彿とさせる。湯浅監督の言葉通り、「狂つた一頁」はまさに英二の方向性を示した作品となった。

三　カメラマンとして一本立ち

大スターの誕生

「狂つた一頁」公開の直後、この映画にも関わった脚本家の犬塚稔は、松竹の経営者・白井信太郎の事務所に呼ばれた。犬塚が事務所の扉を開けると、白井の隣で和服姿の青年が立っていた。名を林長丸という。

目鼻立ちの整ったなかなかの美青年である。関西歌舞伎で女形をしていたところをスカウトされたという。白井は林に将来性を強く感じていた。松竹はあまり経営内容がよくなかったが、この逸材に大いに活躍してもらい、沈滞ムードを吹き飛ばしてほしいと期待を寄せていたのだった。

林を主役に一本映画を作りたいと考えた白井は、犬塚に脚本を任せることにした。犬塚は早速脚本の作成に入った。タイトルは「稚児《ちご》の剣法」。一八歳の若い林にピッタリのシナリオを書き上げ、白井に提出すると、今度は監督もやれという。

白井は、犬塚に大きな期待を持っていた。「稚児の剣法」をほかの監督に任せるとルーチンワークで平凡な映画となり、せっかくの逸材を生かせない。それならいっそ若い犬塚に任せ、既成概念を打ち破る作品に仕上げてもらいたい、と。

面食らった犬塚だったが、経営者の命令に逆らうわけにもいかない。第一、映画を撮るにはまずカメラマンが必要だ。衣笠映画連盟のカメラマン・杉山公平に相談すると、すぐに、それなら円谷がいいと返事が返ってきた。杉山は、円谷はまだ新人カメラマンだが、もう十分に力を付けているから大丈夫だという。杉山は自信を持って英二を推薦した。犬塚は自分が監督初心者で、ベテランのカメラマンを希望したが、杉山の強い押しにうなずくしかなかった。

犬塚、林、英二の三人はすぐに顔合わせを行い、台本を前に入念な打ち合わせが持たれた。国活でのキャリアを持つ英二以外の二人は、監督、主演ともに初めての経験だった。

まずはこの若者を大スターにしなければならないが、英二にとっても自分を一本立ちのカメラマンとして認識させるため、この作品の成功が不可欠だった。今回は「狂った一頁」のような異色作ではなく、純然たるチャンバラ映画。ヒットさせるには、新人の林の魅力を最大限に引き上げなければならない。英二は持てる力を出しきり、必ず成功させようと誓った。

林長丸は、「林長二郎」の芸名で売り出すことになった。この林長二郎こそ、のちの長谷川一夫である。

「稚児の剣法」製作される

「稚児の剣法」の撮影は宇治のロケで始まった。不慣れな犬塚を十分な経験を積んだ英二が補った。主演の林長二郎は非常に勘が鋭い役者であり、監督やカメラの要求によく応え、初めての映画出演にすさまじい闘志を持って臨んだ。

この作品では、現実には存在しない五人の侍に林が立ち向かうシーンがある。英二が編集で映像を合成し、幻想的な画面をつくる特撮場面だ。

「ここに人がいると思って斬ってくれ」

『キネマ旬報』(1927年3月）の特集ページ

英二の難しい要求にも林はよく対応した。彼らの情熱がかみ合い、撮影は順調に進んだ。

「稚児の剣法」は、こんな話である。

主人公の須田市次郎（林長二郎）は、旗本五百石の次男坊。両国の盛り場を通りかかったときにスリの被害にあっている老人を助け、スリの一味・イタチの吉蔵らと対峙する。遂に刀を抜く市次郎。激しい斬り合いの最中に役人が現れ、捕らえられそうになるが、茶屋の娘・お町の手引きで切り抜ける。旗本の羽鳥完左衛門は、市次郎の剣を子どものようだとあざけり、「稚児の剣法」と笑う。

一方、市次郎は初めて抜いた剣の魅力に取りつかれ、ある夜、興奮のあまり誤って人を斬ってしまう。その後、お町はイタチの吉蔵に捕らえられ、芸者に売られそうになるが、そこを市次郎が救う。二人は愛し合うが、以前、誤って斬ったのがお町の父親と知り、その罪に悩み、姿を消す。

市次郎を探して街をさまようお町はかねてから執心の旗本・羽鳥に捕らえられ、連れ去られそうになるが、そこに市次郎が現れ、激しい立ち回りの末、見事、悪い旗本たちを切り捨てる。このとき、お町も怪我をし、市次郎もお町の父を殺した罪により、自刃する。

ラストで市次郎が羽鳥完左衛門と闘う場面では、市次郎のこんなセリフがある。

「見覚えのあるお歴々、いつぞや両国の橋の上でお目にかかった若造だ。稚児の剣法、とくとご覧あれ！」

ここから最後の立ち回りが始まる。市次郎は、羽鳥完左衛門ら一味を見事切り捨ててみせる。当時の時代劇は全体の五分の一がチャンバラというほど活劇場面が多かった。観客はそれほどアクションシーンを望んだ。「稚児の剣法」は最高に盛り上がるクライマックスを用意し、新人の林を大きく盛り立てる作品となった。

英二は、きっと大当たりするから大丈夫と断言した。この映画は国活でやっていた頃のものよりはるかに出来がいい。これが当たらないわけがない。英二の表情は自信に満ちていた。

「稚児の剣法」大ヒット

この後、ちょっとしたトラブルが起こった。松竹の大阪本社から俳優がせっかくの逸材なのに、スタッフが新人では心配だから、実績のある衣笠監督が作った作品を第一弾にしてくれと注文されたのである。映画製作者にとって興行主は取引先であり、お客様だ。機嫌を損ねることはできない。白井らはやむなく衣笠に映画を撮らせ、女形出身の林を生かし、女装する場面もある「お嬢吉三」を製作した。

一方、犬塚は大阪に「稚児の剣法」のフィルムを持っていって試写を行い、興行主を納得させた。大阪の職員らも「なるほどこれは傑作だ」と驚き、予定通り犬塚監督の作品を最初に上映した。

松竹は「稚児の剣法」を当時としては異例の二万円もの宣伝費を投じ、派手に宣伝した。いわく、「剣劇の一代革命来る！」。その目論見通り、映画は大ヒットした。林長二郎の美貌は全国の女性たちの心を揺さぶり、一気に人気者となった。この作品のヒットにより、松竹は経営危機から救われた。

この作品について『キネマ旬報』（一九二七年三月）は、「松竹が莫大な宣伝費を費やして一斉に売り出そうとしている林長二郎氏の第一回作品である。この作品を通じて初めて接した林長二郎氏は松竹が阪妻と対抗せしめようと空前の大宣伝を試みたのも無理がないと思わしめる風貌を備えている。若さもあり、優しさもあり、（以下略）」とまず林長二郎を絶賛し、英二に関しては、「新味を感じたのは幻想に描いた五人の武士を斬って捨てる下りであった」、「円谷英一氏の撮影は杉山氏に負けない出来映えをみせていた」と高い評価をしている。

「稚児の剣法」は三人にとって飛躍の第一歩となる記念すべき映画であり、英二にとっても、映画界での地位を築いた作品となった。

四　英二の結婚

活躍する英二

「稚児の剣法」大ヒットを受けて、犬塚、英二、林長二郎のトリオは「乱軍」、「板割浅太郎」、「破れ編笠」などの作品を製作する。長二郎人気はうなぎ登りとなり、映画はみなヒットした。

脚本と監督を兼ねる犬塚にとって、英二は頼りになる存在であり、犬塚の映像イメージがおおよそかたまると、英二はそれをセットでうまく表現した。英二がいれば思いどおりの映像が実現できる。犬塚は安心して脚本が書けた。

英二の側も、これまで学んだ映画技術を生かし、犬塚の要望に応えることで大いにやりがいを感じた。「映画は夢のある仕事だ」。英二は張り切った。

一応の成功を収めると、英二は次のステップを踏もうとした。時代劇を乱発する時代にあって、どこの映画会社もスターを前面に出し、俳優に頼って映像が単調になりがちである。これではマンネリが続くばかりなので、英二は技術を生かし、画面合成を行ったり、セットを工夫して常に前進を試みた。

当時のカメラアングルは地上からの撮影が普通であり、映像に幅がない。そこで英二は自前で木製クレーンを作り（鉄製を作るほど予算がなかった）、高い位置からの俯瞰映像を実現した。

英二が感じたのは、ロケ中心の撮影が予定通りに進まない不便さだった。雨が続くと、俳優も撮影陣も待たされ続け、大きなロスが出る。そこでできるだけスタジオで撮影できるよう工夫し、スタジオでも野外で撮影しているような効果が出せるよう、背景や照明にアイディアを盛り込んだ。これは経費節減にもつながった。

いろいろな工夫を重ねたのは、もちろん師・枝正義郎の影響である。この時期にも英二は暇があれば映画館に通い、海外映画の研究に余念がなく、その手法を学んでいた。

酒に頼る英二

この頃、英二が特に気になっていたのは、役者の撮影法である。日本映画は白塗りの俳優を明るく映すのが定番だったが、これでは役者の複雑な表情は表現できない。ときにはやや暗く映す手法も試みたが、会社の上層部から不評を買い、人気役者の顔を暗くするとは何事だとクレームが入った。当時の映画会社はまず採算一辺倒で、芸術的作品を撮るとか、海外に負けない映画を作るなどとは毛頭考えていなかった。

理解者を得られず、孤立する英二は、酒に頼るようになった。毎日盛り場に通い、給料が出ると景気よく散財してしまう英二だったが、酔えば故郷のことを思い出した。東京にいた頃は、故郷の人々に頻繁に手紙を書いていた英二も、忙しい日々を送る中でそれも間遠くなっていた。

「みんな元気でいるだろうか？」望郷の念はますます強くなっていた。そこにまた英二の気持ちを沈みこませる出来事が起こった。当時の重要なパートナーで、一緒に林長二郎を大スターに育てた監督の犬塚が、阪東妻三郎（阪妻）の会社に引き抜かれてしまったのである。阪妻は「稚児の剣法」を見て、作品の大ヒットに触発され、オレもあんなふうに撮ってほしいと犬塚を口説いた。阪妻は当時の大スターであり、犬塚にとってはおいしい話だった。この時代、映画関係者は金で評価されるのが当たり前で、俳優や映画スタッフの引き抜きは日常茶飯事だった。それでも犬塚が去っていくことに英二は寂しさを禁じえなかった。生き馬の目を抜くような映画界では、いろいろなことがめまぐるしく起こる。英二もそれを受け入れるしかなかった。

英二の悩み

孤独な英二をさらに追い打ちする出来事が起こる。故郷、須賀川から電報が届いた。何事かと思ったが、開いた文面には「ハハキトク、スグカエレ」の言葉があった。

「おっかさん！」

実際には祖母だが、自分を母親代わりに育ててくれたナツが危篤という。自分を何よりかわいがり、飛行学校の高い授業料も工面してくれたナツである。すぐに帰りたいが、映画撮影のスケジュールは非常にきつく、今すぐ故郷に帰るのは困

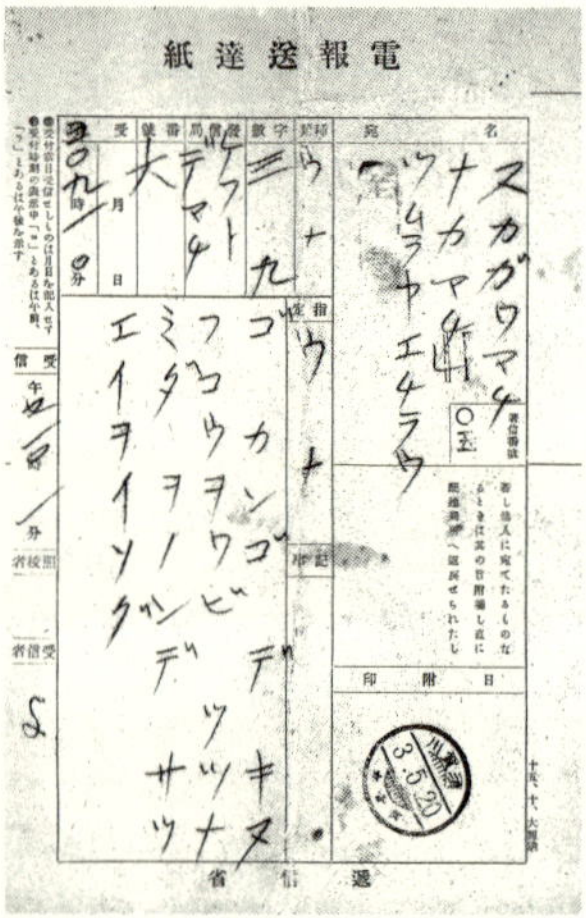

祖母ナツの病気時に打った電報
（円谷誠氏提供）

難だった。英二はやむをえず、故郷に電報を打った。

「ゴカンゴデキヌフコウヲワビッツ　ナミダヲシノンデ　サツエイヲイソグ」

悲しい電報だった。英二は下賀茂からナツの回復を祈った。その甲斐あってかナツは当面の危機を乗り越え、英二をひとまず安心させた。

こんなこともあり、英二はますます望郷の念を抱くようになった。今まではがむしゃらにがんばってきたが、一連の林長二郎作品で映画界ではそれなりに知られた顔になっていた。映画人として、一区切りついた。「一度須賀川に帰ってみようか……」。英二も心の安らぎを欲していた。

英二の結婚

一九三〇年頃、英二は「美はしき天罰」という映画のロケの最中、自作の木製クレーンが大きな音を立てて壊れ、カメラとともに転落する事故にあう。大けがをした英二は病院に運ばれ、入院を余儀なくされた。

このとき、頻繁に見舞いに訪れたのが荒木マサノである。かねてより映画ファンだったマサノは、カメラマンとしてすでに名をなしていた英二の怪我を心配し、何度も病院を尋ね、かいがいしく世話をした。

この時期の英二は孤独にさいなまれていたので、マサノの存在は非常にありがたかった。「こんな人と、人生を歩めたらいい」。英二は次第にマサノに恋心を抱くようになった。

やがて英二は傷も癒えて退院するが、このときにマサノのもとを訪れ、「結婚」の希望を伝えた。

すぐに返事はなかったが、もともと映画好きのマサノだけに、英二の熱意を感じ、やがて承諾した。

英二に人生のパートナーができた。京都市内に新居を構えた二人だが、マサノは英二のよくいえば豪放磊落《ごうほうらいらく》、悪くいえば杜撰な生活ぶりに驚いた。とにかく映画の虫なので、徹夜は当たり前、家に帰らないことも多く、給料が出ればその日のうちに使ってしまう有り様だった。このため給料日にはマサノも同伴して受け取りに行き、金銭管理は自分が行うようになった。実家から結婚祝いに餅が送られてきても肝心の英二が家に帰らず、一人で泣きながら餅を食べるようなこともあった。子どものような英二の性格にはマサノもほとほと手を焼かされた。

しかし、英二にとって妻・マサノの存在は非常に大きかった。マサノは実家、須賀川との連絡も欠かさず、親戚付き合いもそつなくこなした。英二の映画人生は、マサノなしには考えられなかったといえる。

英二が嫁をもらって安心したのか、翌年、長く病床にあったナツが静かにこの世を去った。ナツもマサノの人柄を知り、これなら英二も大丈夫と思ったのだろう。葬儀には林長二郎からの花輪が飾られ、須賀川の人々を驚かせた。

五　時代劇時代の終焉

映画に音がつく

一九三〇年（昭和五年）には阪妻プロが解散、犬塚が松竹に戻る。英二はまた犬塚と組み、林長二郎の映画を作成するようになる。一九三一年には待望の長男・一《はじめ》が誕生する。ヨーロッパから帰国した衣笠監督の復帰第一作「黎明以前」（一九三一年）では、日本初のホリゾントを開発し、必要に応じて撮影所のステージに白い背景を広げ、煙をたいて幻想的な場面を作り上げた。英二の映画人生も充実していく。

この頃、映画界の新しい潮流は「トーキー」だった。それまでは無声の映画を弁士が説明し、楽器演奏者が音楽をつけていたが、一九二七年（昭和二年）のアメリカ映画「ジャズ・シンガー」は、映像とともに音が一緒になった初めての作品であり、トーキー映画は徐々に広まっていった。

トーキーは日本にも広まり、各撮影所はこの新しい技術を取り入れようとした。試行錯誤を繰り返し、ようやく成功したのが松竹蒲田の「マダムと女房」（一九三一年、五所平之助監督）だった。この映画のヒロイン・田中絹代は大女優となった。

日本でいち早くトーキー映画を送り出した松竹は本腰を入れて乗り出したが、当時の録音技術は稚拙であり、ガサガサと雑音が混入するなど、ほとんど音が聞こえない作品も頻発した。新技術ともなれば英二が興味を持たないわけがない。犬塚・英二コンビもこれに挑み、「怪談ゆうなぎ草子」という作品の製作に入った。

当時のフィルムは映像、音声一体だった。普通にカメラを回すと、カタカタというカメラの回転音がそのまま入る。そこでカメラにドテラを着せ、音を吸収させたり、カメラをガラス張りにして、外にマイクを出すなど工夫がされた。また、撮影所の近くに小唄の先生がいて練習をしていると、それをそのままＢＧＭに「借用」するようなこともあった。

英二が初めてトーキーに挑んだ「ゆうなぎ草子」はまだ技術的に未熟で、大成功とはいかなかった。下加茂のトーキー第一号は「怒濤の騎士」という作品であり、これよりはマシな程度と評価された。

日活へ移籍

トーキーの登場は、映画界を変える出来事だった。映画に音がつくと、弁士や楽士はいらなくなった。彼らは失業の危機に見舞われたが、話がうまい、という特技を生かす職場はほかにいくらでもあった。のちの新東宝社長・大蔵貢のように映画経営そのものに関わる人物もいたが、大半は講談師、紙芝居、司会者などに転身した。

松竹がトーキーの先陣を切ると、他社もこの技術を取り入れようとした。そこで日本映画界最古参の日活は総務部所属の永田雅一を動かし、犬塚の引き抜きを画策した。しかし、犬塚は脚本と監督が役どころで、トーキーの技術者を呼ばなければ話にならない。のちに大映（大日本映画製作株式会社）の社長となり、「永田ラッパ」で知られる永田雅一は、犬塚とともにいる英二をも見据えていた。ある日、永田は犬塚を口説いた。契約金をはずみ、給料は松竹の倍額払うという条件だった。

永田の説得は実を結んだ。犬塚や英二、他のスタッフは契約金と倍額の給料に心が動かされた。英二は松竹に特段の愛着は感じていなかったし、技術開発費を自分の給料から捻出していたので、これはありがたい話だった。

まずは日活のスター大河内傳次郎を主演に「長脇差《ながどす》風景」を撮影した。会社や役者が変わっても、英二らのやることは同じだった。デビュー間もない大河内はまだ演技が未熟で、林長二郎など勘のいい役者で撮っていた英二らをとまどわせた。

さらに面倒な問題があった。当時の日活は松竹以上に旧体質の残る職場だった。古い映画職人たちにとって、犬塚、英二らは自分たちの地位を脅かす存在と見られた。英二らを待っていたのは嫌がらせの連続だった。

食事をすれば、英二らにおごらせようとする、インチキのくじを作って英二らに支払わせる……。こんなことの連続だった。確かに給料は上がったが、英二らは不快な日々を過ごした。

しかも、相も変わらぬチャンバラ映画の連続に、英二は次第に不満を募らせていった。

「キングコング」の衝撃

マンネリだらけの時代劇に辟易していた英二の日常は、突然あるアメリカ映画によって破られる。その作品は「キングコング」という題名だった。

「キングコング」はこんな映画だった。太平洋の孤島に探検旅行に出かけた一行は、その島で有史以前の世界が広がる地域を発見する。そこには、大昔に絶滅したはずの恐竜がたくさんいて、一行は次々と襲われる。やがて巨大なゴリラ・キングコングと遭遇した一行は、なんとか捕らえてニューヨークに連れ帰り、見せ物にするが、怪力で鎖を外したキングコングは逃走し、ニューヨークは大パニックに陥る……。

この奇想天外な映画は世界中で大ヒットし、日本でも大きな話題となった。もちろん、現実に存在しない恐竜や巨大ゴリラは特殊技術で撮影されていた。特殊撮影はウィリス・オブライエンという技術者が担当し、恐竜などの人形を少しずつ動かす「ストップモーション」という方法で撮影された怪物たちは、スクリーンの中を縦横無尽に動き回り、世界中の人々を驚かせた。

オブライエンは無声映画の時代にも「ロスト・ワールド」という恐竜映画を製作していたが、「キングコング」はそれを凌ぐ猛烈な大ヒットとなった。この作品を見た英二は興奮し、自分もこんな特撮作品を手がけたいと考えた。映画会社に頼んでフィルムを焼き増ししてもらい、フィルムを一コマ一コマ覗いて研究もした。

「キングコング」の主役は男優でも女優でもなく、特殊技術そのものだった。全編約一〇〇分のうち、最初の四〇分以降はすべて特撮スペクタクルとなる。特殊技術で描かれた白熱の名場面が次々登場し、息つく暇もないくらいに楽しめる。

英二はいても立ってもいられず、日活上層部にキングコングのような映画を作らせてほしい、と提案したが、まったく理解を得られなかった。

「あんな映画は外国に任せておけばいいんだよ。我々がやる必要はないんだよ」

当時の映画会社は外国映画を別物と考えており、自分たちが同様の作品を作る必要性をまったく感じていなかった。日本映画はチャンバラをやっていればいいとする上層部の考え方は、英二を苛立たせた。

「キングコング」は特撮場面だけで二年間かかったといわれている。わずか三週間程度で製作された当時の日本映画の常識では、このような長期間の撮影を必要とする作品の製作許可が降りるはずもなかった。まもなく日本では、「和製キングコング」、「強狸羅《ごりら》」など「キングコング」人気にあやかった、恥も外聞もないパロディ作品が続々登場し、英二はますます悔しがった。

映画技術はどんどん進歩している。しかし、マンネリの時代劇ばかり作っていたのでは、ますます外国映画との差が開くばかりだ。相も変わらぬ時代劇に明け暮れている間に、海外映画は長足の進歩を見せている。「なぜいい映画を作ろうとしないのか……」。英二は日本の映画界そのものに嫌悪感さえ抱くようになった。

日活を退社

この頃英二は「浅太郎赤城颪《おろし》」という作品を撮影した。国定忠治の子分・板割浅太郎を中心に描いたドラマで、松竹時代に作った「板割浅太郎」の焼き直しのような映画である。キングコングを見て、映像の限りない可能性に心を開かれた英二には、こんなマンネリの任俠映画など、もはや退屈以外の何ものでもなかった。

「いっちょう、やってやるか」。英二はこの映画で、外国映画ばかりのローキーを試みた。時代劇スターの顔は明るく撮るのが当然の時代に、あえて外国映画のような陰影を映像化したのである。すでに題材の浅太郎は松竹でやっているし、同じ内容の作品を作っても意味がない。ここは新機軸を打ち立て、映画人として進歩の姿勢を見せよう、英二はそう思った。

映画が完成し、試写会が行われた、映像が映ると、その場にいた会社幹部が「ローキーじゃないか！」と叫んだ。実際、俳優の顔が暗く写っていた。

日活幹部が監督の犬塚に、これはどういうことかと説明を求めた。

犬塚はしどろもどろになった。脚本と監督を兼ねる犬塚は、現場はキャリアを持つ英二にほとんど任せていた。

英二は半ば退社覚悟で撮影していた。英二にとって、マンネリ映画を続けるのは耐え難かった。思い切って欧米風の撮影をして、それでダメならいい、という気持ちだったのだ。

会社幹部の不興を買ったものの、「浅太郎赤城颪」は上映された。題材の古めかしさが批判されることはあっても、映像に関して文句は出なかった。英二の撮影は、少なくとも観客の不評を買うことはなかった。形式に囚われていたのは当時の日活幹部だけだった。

英二は辞表を提出し、時代劇に別れを告げた。英二の退社を、犬塚は何もいえず見守るしかなかった。サバサバした英二に、自分は時代に取り残されていくような空しさを感じた。

重要なパートナーを失った犬塚も、これ以降は脚本と監督を掛け持ちする業務をやめ、もっぱら脚本に専念し、のちに「座頭市」など優れた作品を発表した。長くコンビを組んだ二人は、それぞれが別の道を歩むことになった。

英二が退社して少し過ぎた頃、犬塚は京都の大丸デパートで買い物中に、聞き覚えのある声を耳にした。

「動かないでください、一、二、三、はい、いいですよ」

それは英二の声だった。わずか一坪ほどのスペースで英二は写真を撮っていた。即席手動写真撮影機だった。

ここで撮られた写真はすぐに現像され、わずか数分で顧客に提供された。英二はそんなものを開発し、デパートに売り込んでいたのだった。

犬塚は英二がいつも自費を投入して映画技術の向上を目指しているのを知っていた。「こんなところでアルバイトしていたとは……」。複雑な心境だったが、声をかけないでおこう、犬塚はそう感じ、その場を去った。

六　八面六臂の活躍

J・O・スタジオへの入社

日活を退社した英二は、すぐに同じ京都にある新興の「J・O・スタジオ」に入社した。延々と時代劇ばかり作っていた英二は、日活在籍中から新天地を探していたのである。

J・O・スタジオは、英二には相応しい会社だった。経営者の大沢善夫はアメリカのプリンストン大学を卒業したインテリで、ドイツのアグフアフィルムの日本販売代理店になるなど商才を発揮した。大沢自身、いずれ日本でもトーキー映画が製作されると見てアメリカのトーキー設備を導入するなどしたが、当時の日本の映画会社に見切りをつけ、自らトーキーを前面に出した映画会社を設立し、常に海外を視野に入れて映画界に挑んだ人物だった。海外の映画がみなトーキーの時代に突入している今、日本もそうなることは間違いない。先を見越して出資者を募り、トーキー映画の会社を設立するなど、まさにアメリカ仕込みだった。

大沢はアメリカの映画界を知っている。今まで、松竹や日活の幹部にいくら頼んでも、技術開発の費用は得ることができなかった。大沢ならそこが理解できる。英二は早速撮影用の鉄製クレーンを製作しようと希望し、実現することができた。今まで自費で木製クレーンを作っていたことを思えば雲泥の差である。

J・O・スタジオは日本ビクターの協力も得て、会社創立第一作「百万人の合唱」を製作、英二は撮影を担当した。この作品は作詞家、作曲家をそれぞれ目指す二人の若者が織りなす恋物語だが、早速鉄製クレーンが使用された。

「赤道越えて」

一九三五年(昭和一〇年)、英二に特別な命令が下った。二月から五か月間、海軍の練習艦「八雲」、「浅間」に随行カメラマンとして乗り、兵学校の新人士官とともに遠洋航海へ出発することになったのである。これは海軍の定例行事だが、その模様を映像に収め、世界の寄港地の様子を広く国民に紹介し、国威発揚を鼓舞する目的もあった。

二月二〇日、英二らは横須賀港を出発、台湾の基隆《キールン》、馬公《まこう》、香港、マニラ、バンコク、シンガポール、オーストラリアのフリーマントル、アデレード、メルボルンなどの各都市、ニュージーランドのウェリントン、ホノルル、サイパンなどに寄港し、それぞれの親善訪問を行った。

英二は各訪問地を熟練のカメラ技術でとらえ、各地の風俗習慣を紹介し、海軍の親善活動、さらには香港など植民地化された地域の様子、日本海軍を警戒する相手国の状況まで撮影した。

帰国後、英二は撮り溜めた映像を編集し、「赤道越えて」という作品にまとめた。作品は各寄港地の状況や日本の影響力が説明され、最後に南洋方面の各地が約三〇〇年前、大航海時代の開始時期より領有され、植民地となったことなどが紹介される。長編記録映画ながら、まさに「国策映画」といった内容に仕上がっている。

帰国した英二はいったん須賀川に帰り、海外訪問の様子を親族に報告した。大東屋には親戚や近所の人々、幼なじみたちが集まった。五か月間海外にいた英二は故郷に心癒され、故郷の人々も英二の海外でのいろいろな体験談に聞き入った。

翌一九三六年一月に封切りされたこの「赤道越えて」は、記録映画ながら英二最初の監督作品となった。各地の劇場で封切られると話題となり、こういった作品にはめずらしく大ヒット作となった。マスコミからも「大秦映画として、これほど観客に評判も良く興行的にも強力な映画は、これが初めてではないかと思う」と絶賛された。英二の五か月間にわたる努力は実った。当時は海外旅行など一般的ではなく、庶民が世界の情勢を知る術は映画以外にはなかった。

「赤道越えて」のように観客に何かを説明、解説する作品において、英二は映像だけでなく、アニメなど特殊技術も駆使してわかりやすく伝えることができた。こののちも記録映画のような分野で英二は重宝されるようになる。

「かぐや姫」

世界をめぐる長旅から帰国後、英二は日本の古典、「竹取物語」に題材をとりアニメも使った作品「かぐや姫」に関わった。この作品はJ・O・第二弾として発表され（「赤道越えて」はこの後に封切られた）、本格的トーキー映画として派手な宣伝も行われた。

「かぐや姫」のストーリーは以下のようなものである。

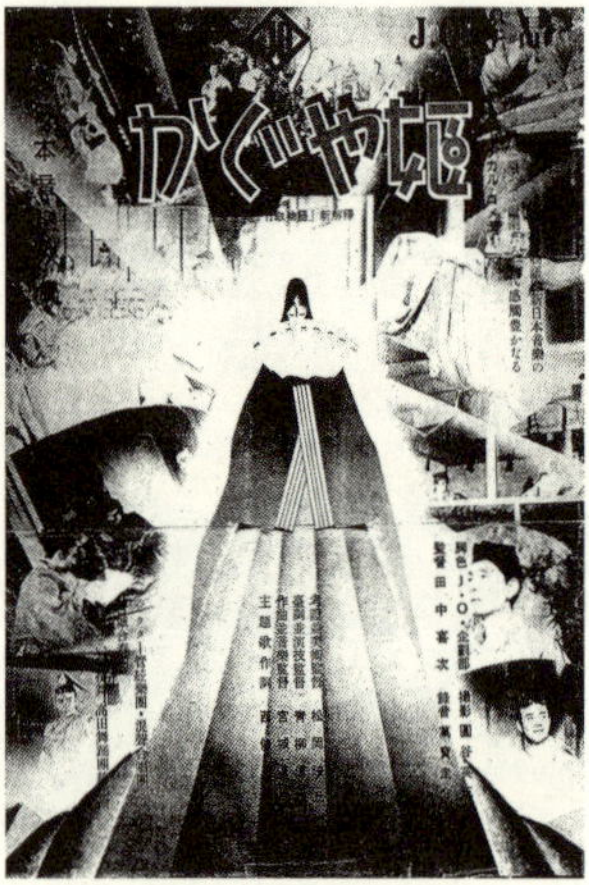

『キネマ旬報』（1935年10月）

竹取翁夫婦は竹藪で拾った娘・かぐや姫を一子と名づけ、息子の造麿と兄妹のように大事に育てた。やがて娘は美しく成長して、都中から求婚者がやって来たが、竹取翁夫婦はかぐや姫と造麿を結婚させようと考えていた。

そこに時の宰相阿部の二人の息子、太麿、細身がかぐや姫に結婚を申し込んできた。阿部は強引な男で、権力を笠に息子のどちらかとかぐや姫との結婚を迫った。かぐや姫は造麿、太麿、細身の三人に「世界の宝の中の宝」を献上した者と結婚するといい、三人は宝探しに出かけるが、阿部の息子・細身は第一級の工匠たちを集め、またとない逸品を作り上げ、自分の結婚は目前だと勝ち誇る。

一方、造麿は船旅の途中、遭難して筑紫の浜に打ち上げられ、そこではからずも宰相阿部に恨みを抱く陰陽師に出会い、一部始終を語る。そこで陰陽師は、かぐや姫は実は月から来た月人で、中秋の名月に月へ帰っていくという噂を街中に流す。これに引っかかった宰相たちが月を仰いでいる間に、かぐや姫一向はまんまと都落ちして親子四人幸せに暮らすことになった。

一般に知られる「かぐや姫」はおとぎ話であり、かぐや姫が月へ帰っていくラストシーンが定番だが、これは非常に現実的なドラマであり、そこには夢も空想もなかった。企画倒れもいいところであり、宣伝に多額の費用をかけたが、あまり人気を呼ばなかった。

「こんな作品ではダメだ。もっと夢がないと……」

英二は特撮でかぐや姫が天に昇っていく姿を夢見た。まばゆいばかりに天が輝き、かぐや姫が昇天していく姿を映像化したいと思うようになった。「いつかはそんな作品を……」。英二は終生、かぐや姫を題材にした映画を作ろうと思い続けた。

初の劇映画監督作品

この時期、英二は初めて一般劇映画も監督している。「小唄礫《つぶて》　鳥追お市」である。

この時代、大変な人気を誇った芸者に市丸《いちまる》がいた。長唄、小唄、清元でそれぞれ名取りとなり、美貌にも恵まれてポスターや美人画にも登用され、折からのSPレコードのブームでビクター専属の歌手となり、ヒット曲を連発していた。映画もトーキーの時代を迎え、映画初主演作「恋の市丸」もヒットし、その第二弾が英二に任されたのだった。

アイドル映画的な作品だったし、ヒット作の次回作で成功は約束されていた。映画の中に何曲か歌が挿入され、ミュージカルのように展開していく軽いタッチの作品で、当然のようにヒットした。

『キネマ旬報』(1936年4月)

英二ものちにそのときの撮影状況を、「市丸は本当にきれいな人だった。まれに見る美人だった」と述懐している。

だが、マスコミはこの作品を評価しなかった。「いくら、声が良いからといって、市丸をこのように主演させてよいものだろうか」とまず会社側の安直な姿勢を批判し、英二に関しては「この映画のように無表情な演技の連続では、私ならずとも人々は退屈するだろう」、「劇映画に長じない円谷監督の不手際もあり、劣作ができてしまったわけだ」と演出面を酷評している（『キネマ旬報』一九三六年四月）。

円谷監督は演出が下手という評価が下された。出演者はドラマの状況に応じて演技をするが、それらを指導するのが監督の役目である。微妙な感情をいかに表現するか、現実の出来事のように振る舞えるかを統括しなければならないが、英二にはそういう技術が拙かったとされた。これ以降、英二が一般映画を監督することはなかった。この作品の評価により、英二は特殊技術の方向へ進路を定めていった。

日独合作映画の企画

映画界で奮闘する英二だったが、世界情勢は不穏な状況を迎えていた。ナチス・ドイツ（国民社会主義ドイツ労働者党）の台頭である。第一次世界大戦後、深刻な不況に見舞われたドイツで、巧みな弁舌で民衆を引きつけたアドルフ・ヒトラーは、ナチス・ドイツを率いて次第に勢力を伸張し、周辺諸国の脅威となりつつあった。日本も満州事変以来、軍部の台頭があり、中国との長い戦闘状況が続いていた。両国は次第に接近し、一九三六年には日独防共協定を締結するに至る。

しかしドイツは人種主義を主張し、ゲルマン民族、アーリア人を優秀な民族と定義して、ユダヤ人や有色人種を劣等人種とみなしていた。日本の代表団がドイツを訪れると、民衆から「ヤップス（日本人のこと）、日本へ帰れ」と罵倒される有り様だった。ドイツ国家としては、友好国がけなされるのは国益に反し、放置できない。

宣伝相・ゲッベルスは、今後の国際情勢を見据え、日本と友好関係を固めておきたいと考えていたところ、ドイツ山岳映画の巨匠といわれたアーノルド・ファンクから「ドイツと共通する問題を抱える日本のプロパガンダ映画を作りたい」との申し入れがあった。聞けば、日本の映画会社・東和商事からファンク監督に、日独合作映画製作の提案があったという。ゲッベルスはこれを採用し、ファンク監督らスタッフは日本を訪れることになった。当時、映画をプロパガンダに使用するのはナチス・ドイツの常套手段だった。ファンク監督らが日本に到着すると、映画関係者ばかりか一般の映画ファンまで港につめかけ、大歓迎を受けた。

外国人に敵意を燃やす英二

一九三六年、この企画を受けたJ・O・スタジオは、伊丹万作を監督とし、原節子、早川雪洲、ドイツ女優のルート・エヴェラーらが出演する「新しき土」の製作を開始した。この作品はドイツ人に日本の素晴らしさを紹介することを第一目標としており、できるだけ日本をよく演出、映像化する必要があった。日独の撮影スタッフが結成され、ここに日本代表として英二も参加した。撮影はまず雪山で行われ、富士山、蔵王、北海道と四か月間かけて各地を回った。極寒ロケが終わると今度は桜前線を追い、京都、新潟、弘前など桜の名所を撮影した。

初めての外国人との協同撮影に英二も発憤した。ドイツ人に後れをとってはならない。ドイツ人はオフタイムにビールをよく飲んだが、英二も負けずに飲み比べをした。対抗意識がそんなことにも現れたが、この影響でそれまでの服が着られなくなるほど英二は太ってしまったという。

北海道の定山渓温泉では日独の衝突が起こった。当時の日本ではフィルムは貴重品だったが、ドイツ人スタッフは平気で大量に使った。彼らがあまりにもフィルムを無駄にするのを英二は腹立たしく感じていた。あるとき、リムールというカメラマンは撮影が終了したのにカメラを止めず、レンズに背を向けたまま俳優に演技指導をしていた。英二は腹を立て、カメラのスイッチを切った。するとリムールは英二の方を向き、なぜカメラを止めたと食ってかかった。英二は「大切なフィルムは節約しろ」と怒鳴り返した。両国のスタッフは険悪となり、帰京後ドイツ側から「円谷をクビにしろ」と会社側に注文があった。

こんなトラブルがあったが、英二は、「我々がフィルムを節約しながら映画製作しているのとは大違いだ」と、予算的にも厳しい環境の中にある日本映画の現状を改めて認識した。

ドイツ人も驚く先進技術

撮影も終盤に近づき、主人公の大和光子（原節子）の父親役・早川雪洲が米国へ帰国する契約の期日が後二日と迫っていた。初めての日独合作映画であり、両国のスタッフも未経験の仕事で、撮影が遅れ気味だった。

今からロケをしていたのでは間に合わない。新橋駅でロケの予定だったが、早川は米国でのスケジュールがあり、延長はできない。スタッフは途方に暮れた。

英二はスクリーン・プロセスを使用してみては、と提案した。スクリーン・プロセスとは、特殊撮影の一種で、スクリーンの裏側から背景となる映像を映して、その前で俳優が演技し、それを撮影する方法である。これがあれば、俳優が実際にその場で演じたような映像を撮影することができる。

新橋の風景などすぐに撮れる。早速この方法が使用され、スクリーンの前で早川雪洲に演技をさせ、無事撮影が期間内に終了した。英二の技術は、「素晴らしい装置だ。まだドイツにはこのようなものはない。譲ってもらえないだろうか」とファンク監督がほしがるほどだった。ゲルマン民族の優位性を誇り、民族主義を謳うドイツだったが、このときばかりは英二の技術にひれ伏すしかなかった。

上映された「新しき土」

「新しき土」は、当初から決められていたとおり、伊丹万作版とファンク版の二種類が作られた。

(Wikimedia Commons)

二つの映画にほとんど差はない。ドイツではファンク版のタイトルは「サムライの娘」とされ、ゲッベルスとヒトラーが最終検閲したことが報じられた。ゲッベルスの評価は「映画の撮り方はすばらしい。日本の生活や考え方を認識するのによいし、筋もまずまずだ。しかし我慢できないほど長い。それが残念だ」というものだった。ドイツで広く公開され、日本という国の紹介をする当初の目的は達成した。

この作品の筋立ては以下のようなものである。

八年間のドイツ留学を経て、輝雄（小杉勇）は帰国する。日本では子どもの頃からの許嫁・光子（原節子）が待っていたが、輝雄はドイツ人の恋人・ゲルダ（ルート・エヴェラー）を連れてきていた。輝雄は結婚相手が子どもの頃から決まっているのは日本流の古い考えであり、自分はそういう風習には従わないと父に宣言する。落胆した光子は火山の噴火口に身を投げ自殺しようとするが、考え直した輝雄が命がけで光子を救う。これを知ったゲルダは、自分は身を引く覚悟で帰国する。輝雄、光子の二人はこの後、新しき土・満州開拓へと向かう。

ストーリーだけ辿ると複雑ではないが、おかしな場面がたくさんある奇怪な作品だった。京都に住む光子が庭に出て歩き出すと、いつの間にか安芸の宮島にたどり着く。欧州から横浜港に向かう船が、松島湾を通過して航行する。バーでカクテルとおちょこで日本酒の両方を飲む主人公の前を、いきなり三味線を持った女が現れ演奏を始める。西洋流のホテルに虚無僧《こむそう》が現れる。ヒロインの原節子が水泳、弓道、和裁、茶道、剣道、長刀《なぎなた》、華道、お琴、ピアノのレッスンを受ける。活発に働く紡績工場の女工たちの前に、突然MADE IN JAPANの文字が浮かぶ。何の脈絡もなく、主人公が寺で鐘を鳴らす。東京なのに、阪神電車の看板がある……。

ドイツの人々に日本を理解させようとたくさんの要素を盛り込み、日本の風俗習慣や自然描写、国技や芸能、自然災害なども取り入れ、ぎゅうぎゅうと詰め込んだ結果、不自然な作品となってしまっている。最後に主人公らが唐突に満州に向かうが、他国の侵略を重ねるドイツとともに、日本の正当性を主張しているかのようにも感じられる。

それでも、日本を知らないドイツの人々はこの作品を歓迎した。日本人がどう思おうと、目的が達せられたわけだが、日本側の監督だった伊丹万作は、映画のあまりの不自然さに不快感を示した。

英二はこの作品で特撮場面をいくつか担当し、燃えさかる火山、地震で倒壊する日本家屋などはミニチュアで作られた。ただ、その技術はまだ未熟であり、英二にとっても反省材料となった。

時代劇から解放された英二は、J・O・スタジオでさまざまな作品にチャレンジした。そこには成功、失敗もあったが、各作品は英二の血となり肉となり、この後の力になっていく。

七　迫り来る戦争の影

東宝創立

一九三七年八月、J・O・スタジオは、東京砧《きぬた》のP・C・L映画製作所、東宝映画配給、写真化学研究所の三社と合併し、東宝映画株式会社となった。日本映画界に現在まで君臨する東宝は、このとき誕生した。

東宝は積極的な営業政策を敢行し、林長二郎、大河内傳次郎など大スターを引き抜き、自社の所属とした。これには既存の映画会社が反発し、さまざまな圧力をかけてきた。英二とはデビュー時からの付き合いの林長二郎が、大河内傳次郎との共演作である「源九郎義経」撮影の折に暴漢に襲われ、顔をカミソリで切られる暴力沙汰も起きた。

同年一一月、英二は東宝東京撮影所第二製作部に所属が決まり、京都から東京に転勤を命じられた。久々の東京で待っていたのは東宝の重役で、P・C・Lから来た森岩雄だった。

のちに東宝の副社長にまで上り詰める森は、何度も世界中を旅し、各国の映画事情を視察していた。ハリウッドでは映画産業の巨大さに圧倒されたものの、日系人が特に多く働く特殊撮影の現場を見学して、特殊技術の世界に手先の器用な日本人の活路を見出し、世界市場を視野に入れた作品を作れると感じていた。そんな森にとって、英二は大いに期待の持てる存在だった。

しかしながら革新的な映画会社であっても、旧態依然とした古株もいた。彼らは英二を煙たがり、仲間に入れようとしなかった。

一九三八年、「阿部一族」、「田園交響楽」という作品が作られた。この際、英二は自慢のスクリーン・プロセスを導入して撮影を始めたが、製作スタッフに機械操作だけ頼まれ、ほかはまったくタッチさせてもらえなかった。英二は抗議したが、スタッフは無視するばかりだった。見かねた森岩雄は所内に「特殊技術課」を創設した。英二は特殊技術課長となったが、部下は誰もいなかった。とはいえ特殊技術を専門にするセクションが誕生したのはこれが初めてで、特殊技術課はのちに大きな発展を遂げることになる。

ここでまず英二が取り組んだのは国策映画「皇道日本」（一九四〇年）だった。日中戦争の最中、日本民族の誇らしい歴史を説明するプロパガンダ作品だが、「赤道越えて」の前例があるとおり、説明調の映画は英二の最も得意とするところだ。映像撮影後にそれらをまとめて編集する技術において、英二の右に出る者はいない。国策に沿った作品は、内容はともかく英二の健在ぶりを示した。

映画法施行

一九三九年四月になると政府は「映画法」を公付、一〇月より施行された。これはナチス・ドイツなど、欧米にならった法律だった。

第一次世界大戦を機に、戦争は軍人だけで行うのではなく、国民全員で闘うもので、戦時下では国家のすべてが勝利に向かって進むものだ、という「総力戦」思考が広まった。国民の大きな娯楽であり、最大のメディアであった映画も「戦争の勝利」に貢献することが求められた。しかしこれは自由な映画作りができなくなることを意味していた。映画の製作は政府の統制下に置かれ、生フィルムはすべて政府からの配給となり、映画表現は政府の意思のままとなる。しかも検閲に合格しなければ上映できないのだから、これまでのような娯楽映画は製作不能になる可能性がある。森岩雄は政府との意見交換の場で、「一般大衆の、二時間にも満たない楽しみを奪うことになる」と発言したが、「長谷川一夫の映画はいつも惚れたはれたで、まことに戦時下にふさわしくない。エノケン映画もただ人の笑いを誘うばかりで、一向に国のお役に立たない」などといわれる有り様だった。

その後、この映画法には「国民映画」という規範も設けられた。これは政府の意向にかなった優秀な映画には、国策的見地から助成金を出す仕組みである。物資不足の時代、映画会社にとって助成金はありがたいが、これにより好戦的な戦争映画が多く製作されるきっかけともなった。

映画法の恩恵を最も受けたのが東宝である。当時、映画会社として新興の東宝は、人気俳優の引き抜き行為などにより既存の映画会社から最も警戒される存在となっていた。松竹、日活新興キネマ、大都映画などは団結して東宝を圧迫した。これに対抗するべく、東宝は森岩雄が交渉役となって軍部に接触し、のちに英二が担当する軍用の教育映画を一手に引き受け、さらには以降の売り物となる戦争映画を多く発表する。森岩雄は東宝撮影所員に向かって「東宝は軍と一心同体だ」などと発言したこともあった。会社の活路を軍への協力に見出したのだが、のちにこれは「ハワイ・マレー沖海戦」など特撮戦争映画を撮らせるきっかけともなった。

故郷の空を飛ぶ

戦争が継続されると、新兵への合理的な教育が必要になる。日中戦争では後進を指導すべき教官らに戦死が相次いだ。そこで新兵用マニュアル映画を作成して教育の効率を上げようということになり、陸軍航空本部から西原大尉という人物が英二を訪ねてきた。大尉は飛行機の操縦を教える映画の作成を依頼した。いわば軍用教育映画、軍事マニュアルの映像化である。

大好きな飛行機である。英二は快諾し、埼玉県熊谷にある陸軍飛行学校へ通った。実際に自分も教官に教わって飛行機に乗り、飛行方法を学びながら教材の作成を行った。飛行学校の人々も親切に対応してくれ、英二にも快適な仕事となった。熊谷へは三年間通い、マニュアル映画は飛行機の構造編、操縦編、離陸編など六〇巻にも及んだ。英二は実写にアニメを加え、新兵が理解しやすいように映像化していった。こういった作業の成果も認められ、特殊技術課も職員が配属されるようになった。

ある日、須賀川から英二に手紙が届いた。英二のいとこで姪的な存在の妙子の結婚式の招待状である。「とうとう妙子も結婚か」、熊谷で飛行機を眺めているうちに、英二にはあるアイディアが浮かんだ。飛行学校の飛行機を借り、須賀川の空から祝ってみてはどうだろうか？

実現すれば、故郷の人々は大喜びするし、最高のはなむけになり、結婚式も盛り上がるだろう。それに、自分があれほど憧れた故郷の空を飛ぶことができる。

とはいえ、軍用飛行機を、そんな私的な都合で貸してくれるとも思えない。やはり無理か……しかし、またとないチャンスではある——英二は心を決めた。

いとこ妙子の結婚式（1939年）、英二は後列右より3番目（円谷誠氏提供）

「飛行機を、貸していただけないでしょうか」

西原大尉は驚いた。まさか飛行機を貸せなどといわれるとは思わなかった。英二の事情をおおよそ聞いた大尉が口を開いた。

「よし、一日だけならよかろう。ただし、墜落しても知らんぞ」

予想外の答えが返ってきた。西原大尉は、日々熱心に教育映画作成に取り組む英二に感心していた。英二も長く操縦を行っているし、日頃の努力に報い、多少のわがままなら聞いてやろうと判断したのだ。

出発当日、西原大尉も見送った。英二の操縦する九三式中間練習機、通称「赤トンボ」は熊谷飛行場を飛び立った。目的地に飛行場はないが、その手前一〇キロほどの矢吹には軍用飛行場がある。熊谷から須賀川までは約二〇〇キロ、訓練を重ねた英二には遠い距離ではない。眼下にはいくつかの町並みが現れては消えていき、いよいよ故郷の須賀川が近づくと、徐々に降下していった。最初はどこが自宅かもわからなかったが、道路を辿って街の中心部あたりに迫ると、おおよその町並みがわかってきた。自分の生まれ育った街が、模型のように見える。

やがて道路を歩く人の顔がわかるくらいまでになると、自宅を中心に、須賀川の人々が大勢で手を振っているのがわかった。自宅へは飛行機での訪問を手紙で伝えていたが、それが街中の人々に伝えられたらしい。

「おーい、おーい！」

一郎をはじめ、故郷の人々は英二に手を大きく振っていた。屋根の上に登っている人も大勢いた。英二の胸は熱くなり、感動のあまり涙がボロボロ出てきた。英二は上空から「妙子、結婚おめでとう」と書かれた用紙の入った通信筒を落とした。

やがて英二は自宅から西側に眼を向け、子どもの頃いつも登っていた長松院の銀杏の木を見つけた。かつて自分はそこから空を見上げ、いつかは飛行機で空を飛びたいと夢を抱いていた。今日は逆に空からその銀杏の木を見下ろしているのだ。

「オレは、やったぞ……」

英二の心は、完全に子どもに帰っていた。大空への夢はこうして実現した。

特撮戦争映画への道

一九四〇年、戦争の影響が色濃い映画が企画された。爆撃機による渡洋爆撃を主体とした「海軍

『キネマ旬報』（1940年6月）

爆撃隊」である。当時は海軍による渡洋爆撃が始まった時期であり、素晴らしい戦果と報道されていた。この作品の性格上、実写で撮るのは難しく、爆撃や海外地域の飛行シーンなどに特撮が必要となった。製作側は特撮を英二に委ねることにした。ともかく、ここは挑戦するしかない。

本格的戦争特撮映画は前例がなく、手探りで取り組むしかなかった。ミニチュアの山を作ったが、この製作に数か月かかり、撮影は大幅に遅れた。慌てて間に合わせた作品は、当初英二が頭に描いていた映像にはとうてい及ばず、大分出来が悪かった。この作品に関しては、英二自身が何度も失敗だったと語り、やり方のまずさを悔やんでいる。

それでも同作品がひどく批判されたかといえば、そんなことはない。『キネマ旬報』（一九四〇年六月）は、「日本で今まで作られた航空映画の中では最も優れたもの」と評価している。芸術祭出品作であり、英二の落胆とは別にそれなりに人気を呼んだ作品にはなった。

こののち、陸軍の航空映画「燃ゆる大空」が企画された。今度こそと張り切る英二だったが、阿部豊監督は「できるだけ実写でいく」と特撮を拒否し、英二は「なんで特撮のよさがわかってもらえないのか」と落胆した。

「燃ゆる大空」は皇紀二六〇〇年を記念して陸軍も全面協力した大作となった。当時の陸軍の主力だった九七式戦闘機に対し、旧式の複葉機、九五式戦闘機を中国軍に見立て、実写で戦闘シーンが撮影された。ただ、すべてが実写で描けるわけではなく、墜落シーンなどで随所に特撮が使用された、それは英二が担当した。同作品は「海軍爆撃隊」を上回る大ヒットとなり、主題歌も流行した。この時期に志願した陸軍少年飛行兵の六割が、この映画が動機だったという。

映画としては大成功だったが、実写の戦闘シーンもそれほど迫力はなかった。ストーリーも航空隊のパイロットが次々死んでいくだけで、今日の目で見るとあまり面白くはない。この時代、日本にはまだ飛行機が活躍する航空映画がほとんどなく、やっと作られ始めたという話題性が先行し、出来はともかく海軍、陸軍の活躍に興味が集まったのだろう。

森岩雄はこれら二作品について次のように語っている。

「海軍爆撃隊」は大切な実写部分が不足し、特殊技術ばかりが目立って、いかにも細工物らしい映画になり、「燃ゆる大空」は飛行機の実戦演習の部分はなるほどよいカットはあったが、劇としては穴だらけで迫力がなく、結局は特殊技術を後になって挿入して、なんとか仕上げる始末となった。しかし、この二作品の実験によって、特殊技術の有用性の認識とその限界性というものを、はっきり撮影所の人々に認めさせることができたことは、大きな収穫であった。

特撮技術の完成

一九四一年一二月八日、連合艦隊は遂にハワイを奇襲し、太平洋戦争が勃発した。開戦後半年間は日本優勢で進み、国民は沸き立った。

この頃、英二らが取り組んだのは「南海の花束」という作品だった。赤道を越え、南洋に飛行航路を開発する人々の物語である。民間の航空会社が航路を開拓するのは大変な苦労があり、犠牲者も出た。戦闘場面こそないが、南方に進出するという意味ではこれも国策映画の一つである。

この作品の舞台は南洋。移動はみな飛行艇で行われるので、何種類もの飛行艇が登場する。実写場面もあるが、事故や遭難場面などで特撮が使用されている。今までの作品よりミニチュア特撮が多いが、過去の反省をふまえ、長足の進歩を見せた出来映えになっている。実写場面との違和感もなく、優れた場面を作成することにより、円谷特撮はここで一応の完成地点に到達した。

この映画のクライマックスは、嵐の中を飛行艇が飛ぶ特撮シーンである。新航路を開拓に向かった飛行艇は台風に遭遇し、必死に切り抜けようとするが、雷を翼に受けて破損し遭難する。ミニチュアらしさをほぼ感じさせない見事な映像であり、観客はスペクタクルを満喫できる。この経験を経て英二はいよいよ大作に挑んでいく。

八　戦争映画三部作

真珠湾攻撃作品の企画

連合艦隊のハワイ急襲は大きな戦果をあげた。一九四二年元旦の新聞はこのハワイ海戦を大々的に取り上げ、写真を何枚も掲載した。これを見た森岩雄は、はたとひらめいた。真珠湾攻撃のスペクタクルをクライマックスとする映画を製作し、開戦記念日の一二月八日に封切る――これを大橋武雄東宝社長に進言すると、大賛成でぜひ進めてくれとゴーサインが出た。

海軍省も賛成し、国民映画として予算も出ることになった。就任したばかりの大橋社長は社内で号令をかけ、利益度外視で会社の総力をあげ、この作品を完成させようと意気込んだ。監督は山本嘉次郎、特撮は英二である。「南海の花束」で素晴らしい特撮を成功させた英二が、この映画では必ずや力を発揮してくれるだろう、森をはじめとする東宝幹部は英二に大いなる期待を寄せた。

森に励まされた英二は奮い立った。人間ドラマを描く本編部分は山本監督の担当で、特撮は英二が責任者だ。魚雷が敵艦に当たったときの水柱はどのくらいかなど詳細なことまで熱心に調べた。助成金が出て予算に余裕があるというので、第二撮影所のオープン敷地いっぱいに広大な真珠湾のセットを作り上げた。あまりに大掛かりなので、皇族や海軍関係者をはじめ、大勢の人々が見学に訪れた。

「いくらなんでも、こんなに金を使うとは……」。あまりの巨大なセットに森は呆れた。円谷英二という男は、情熱はすごいけれど、金銭感覚がないのだと思った。

こうして撮影は進んだが、後になって海軍から、「レパルス、プリンス・オブ・ウェールズを撃沈したマレー沖海戦も加えてくれ」との要請があり、こちらも急遽扱うことになった。ハワイ奇襲に数か月間もかけて撮影したのに、マレー沖海戦はわずか九日間しか撮影の余裕がない。英二は不眠不休で取り組んだ。

この作品でもいろいろな工夫が試みられた。ミニチュアの船を水に浮かべて撮影すると、波が大きすぎ、いかにもミニチュア然とした映像になってしまう。そこで英二は水の代わりに寒天を敷き、その上に船を置いて撮影した。

ようやく完成した作品は「ハワイ・マレー沖海戦」という題名で試写が行われた。海軍幹部がずらりと並ぶ試写会だったが、画面に登場した空母を見た皇族の一人が、「なんだあれは、アメリカの空母じゃないか、こんなフィルム焼いてしまえ!」と叫んだ。戦時下では海軍も民間には情報を提供できないため、英二らはアメリカの雑誌『LIFE』に載っていた米空母・サラトガとレキシントンをモデルに作ったためだった。

軍部としては、戦意高揚のためにぜひ映画を利用したいが、軍には機密が多く、公開できない事象が多い。その中で作品を作らなければならない。英二らは苦々しく思った。

「ハワイ・マレー沖海戦」、大ヒット

「ハワイ・マレー沖海戦」は、開戦一周年を記念して一九四二年(昭和一七年)一二月三日に公開された。企画から公開まで、日本映画としては異例の時間と予算が注ぎ込まれた作品となった。

この作品では、飛行機にあこがれる地方の青年が志願して新兵となり、土浦の予科練で訓練する姿が延々と映される。厳しい訓練に耐えて十分な練習を行った彼らは、遂に空母に乗ってハワイ、マレーに向かい、歴史的戦果をあげる。長きにわたる訓練ののち、クライマックスでは一気にハワイ攻撃の場面となる。

魚雷がアメリカの戦艦に当たる場面では爆発によって水柱が上がり、大変な迫力だ。飛行機乗りの経験がある英二は、飛行機からの視点を重視し、あたかも実写で撮影された映像のような場面を

いくつも作り上げた。今までの日本映画の中で、特撮がこれほど成功した作品はなかった。

この作品は公開されるや当然のように大ヒットし、学校単位でも映画館に生徒を連れて行ったため、国民のすべてが見た映画ともいわれた。アメリカの戦艦に魚雷が当たる場面では、劇場で拍手、歓声が巻き起こった。最後に軍艦マーチが流れ、映画が終了すると、観客のほとんどが万歳三唱する劇場もあった。

人気作家となる、当時一九歳だった山田風太郎は、「ハワイ・マレー沖海戦」を見た際、日記にこのように記している。「劇場はおそるべき満員で最初の一回は立ち見席でさえほとんど見ることができなかった。(中略)今年正月の新聞に出た海軍航空隊撮影の歴史的写真と寸分変わらぬセットの見事さ(中略)決別の手を振りつつ機尾から一条の白い煙を曳いて自爆してゆく悲壮な犠牲の一機など、日本人の心を奮い起こさずにはおかない傑作であった」。映画評論家となる佐藤忠男は当時国民学校六年生で、同作品を団体鑑賞で見たが「クライマックスではみんなと一緒に手を叩き足を踏み鳴らした」と回想する。

一般に国策映画は国の方針を観客に押しつけるため、映画としては不人気である場合が多かった。ところが、この映画では観客が見たくて見たくてたまらない日本の大勝利が大迫力で映像化されているので、娯楽的要素が満たされたのだ。

ただ、子どもたちに同行した教師からは、「作戦的にはハワイ、マレー沖の両海戦は切り離せないものかもしれないが、映画としてはちぐはぐになる」という声が聞かれた。この作品によって英二の特撮技術は映画関係者だけでなく、一般の人々にも知れ渡ることになった。特殊技術課の人員も増え、充実した陣営を整えていった。

しかしながら、ハワイやマレー沖での日本の大勝は一年前の事実であり、現実の戦場は六月のミッドウェイ海戦以来、日本が劣勢に立たされていた。国民はただ過去の栄光ばかり見せられていたことになる。大本営は日本の苦戦を報道統制により国民に伝えなかった。その上でこの映画に助成金まで支払い、国民を虚夢で酔わせていたのである。

山本嘉次郎の戦争三部作

「ハワイ・マレー沖海戦」と、「加藤隼戦闘隊」、「雷撃隊出動」を合わせ、一般に山本嘉次郎監督の「戦争三部作」といわれる。

「加藤隼戦闘隊」は一九四四年三月公開。新鋭戦闘機・隼の隊長として、敵機を撃墜すること二百数十機という武勲に輝く加藤健夫中佐を主人公とした映画である。加藤隊長を藤田進が演じ、国民映画にも指定されている。

この作品の製作前、特殊技術課の職員が数名、松竹へ移籍するという問題が起きた。松竹の城戸四郎社長は東宝の特殊技術に注目し、松竹大船撮影所に特殊撮影部門を設立して、東宝の川上景司、奥野文史郎などを引き抜いたのだった。映画界ではこのような引き抜きは日常茶飯事であったが、特殊撮影の技術者にも引き抜きが及んだのは初めてのことだった。しかし、それに動じる英二ではない。新たなスタッフを率い、新作製作に没頭した。

この映画は陸軍戦闘機・隼に主眼を置いた作品で、当然空中戦の場面がある。実写と特撮を交えた映像は効果抜群で、隼の銃撃を受けて敵戦闘機が炎上、墜落する場面は、「燃ゆる大空」にはなかった迫力である。また、敵基地爆撃では移動マスク（動いている二つの映像を合成させる特殊技術の手法）が用いられ、ミニチュアで作られた敵基地が爆破される前を逃げ惑う人々の映像も登場する。特撮は「ハワイ・マレー沖海戦」の頃よりもさらに進化を遂げていた。

「燃ゆる大空」は実写にこだわった結果、さほどのスペクタクルがなかった。敵戦闘機が被弾し、ぼおっと火を上げるシーンなどスクリーンにアップで撮れるはずがないからだ。他方、特撮では観客がそうなったらいいと頭に描いたシーンを撮ることができる。英二はまさにそれを映像化しており、こういった「現実のデフォルメ」を英二は体得、表現した。これこそが特撮の勝利である。

「加藤隼戦闘隊」では、敵機に襲われる味方基地の人々を、部下思いの加藤隊長が飛んできて助けるといった、非現実的な英雄崇拝的場面も登場する。多くの国民から慕われ、尊敬される加藤隊長を神聖化している様がうかがえるが、この作品はそこそこのヒットとなった。

異色戦争映画、「雷撃隊出動」

「雷撃隊出動」（一九四四年一二月封切り）は、「加藤隼戦闘隊」とは対称的な作品である。冒頭こそ戦艦、航空母艦への攻撃機による魚雷攻撃の特撮シーンが見られるが、以降は劣勢場面の連続となり、敵の空襲により長々と防空壕に缶詰にされ、苛立つ兵士たちや、敵機P-38に急襲され、機銃掃射で死んでいく整備兵などが描かれる。

南洋の基地が主な舞台だが、敵襲による防空壕の場面では、楽しみにしていた映画上映会が行われ、ある兵士が自分の母親を画面に発見して興奮したところで空襲になり、突然中断される。防空壕の中で兵士たちが「畜生、畜生」と悔しがり、それを上官が「戦だ、戦をしとるんじゃよ」と諌める場面が印象的だ。それまでの映画では決して映像化されなかったものである。

ここには「やまと軒」という女主人経営の食堂があるが、メニュー看板に書かれたカルピス、オムレツ、カレーライス、カツレツなどに「品切れ」の張り紙が貼られている。主人公らは最後の砂糖を使用したおしるこを食べるなど、物資不足が表現されている。

敵機が椰子の木に引っかかり、捕虜となった米兵は尋問を受けるが、「大なるものが小なるものに負けるはずがない。新兵器もいろいろある。アメリカが絶対負けるはずがない」と日本の軍人をやり込める。白人を起用する場面は捕虜の外国人兵を出演させたそうだが、ここでの台詞は現実を語っていて興味深い。実際「新兵器」は、この作品封切りの九か月後に広島、長崎に投下される。ラストシーンでは爆撃機が被弾し、もはやこれまでと判断した機長が敵艦に体当たりする。

全編、当時の日本の悲惨な状況をそのまま表現したような作品であり、見方によっては反戦映画ともいえ、検閲をよく通ったとも思えるが、興行的には客が入らず惨敗に終わった。理由は、映画全体が日本が負けている場面ばかりだったからだ。国民は見たいものしか見ない。観客は日本が勝つ場面ばかりを望んだのである。

山本嘉次郎監督以外にも戦争映画は撮られている。「翼の凱歌」(一九四二年、山本薩夫監督)、「望楼の決死隊」(一九四三年、今井正監督)、「決戦の大空へ」(一九四三年、渡辺邦男監督)、「あの旗を撃て」(一九四四年、阿部豊監督)などがあるが、英二の特撮場面がとりわけ多く登場するのは山本監督による三作だけだった。

戦争映画の問題

これら国策映画、国民映画は、一般上映だけでなく学校ごとに映画館へ動員し教育の一環として鑑賞させたので、生徒たちはじめ多くの人々が見たことになる。当時最大のメディアだった映画を利用したプロパガンダはドイツなどにならった手法だが、その影響は大きかった。

「ハワイ・マレー沖海戦」、「決戦の大空」などは、予科練でしっかり訓練された新兵らが最後のシーンで敵を撃破し、戦果を上げるが、これらの作品を見て軍を志願した若者は多い。戦争を美化し、若者の闘争心をくすぐり、自分も志願して名をあげたいと考える人々を次々と戦地に連れ出し、無残な死に追いやったのは、まさにこういった作品であるともいえる。

特異な作品である「雷撃隊出動」を除いて、英二が関わった他の戦争映画は、海軍でも陸軍でも日本が常に優勢な位置を持ち、日本が勝っている場面だけをことさらに強調して作られたものばかりである。戦争とはどんな形でも人と人との殺し合いであり、むごたらしい殺戮以外の何ものでもないが、英二の特撮が作り出した場面は、日本軍の機銃掃射や爆撃、雷撃によって敵軍が鮮やかにやっつけられるシーンばかりであった。これらは実際には存在しない、こんな場面があったらいいという架空の場面、美化された現実にすぎなかった。しかし英二はそれを映像化できた。これこそが軍の狙いであり、最高のプロパガンダとなった。

こういった場面を製作していた英二は、徹底して戦意高揚をはかろうとしたわけではなかった。

技術の虫である英二は、常にどうしたらいい場面を撮れるか、どのようにすれば効果的な映像ができるか、そういう技術面の努力、工夫しかせず、自分が製作した映画がどのように扱われ、どんな問題があるかなどは考えていなかった。それは英二が極度に集中して仕事を遂行したのに加え、戦時下のムードが鬼畜米英などと、敵の撃滅一辺倒だったからにほかならない。のちになって英二にはそれが理解できた。戦争映画の製作は戦後も続いたが、この頃の作品と戦後のものとでは、本編を担当する監督の意思にもよるものの、作品に込められた意義がまったく違っていた。

一九四五年終戦間近の時期、山本嘉次郎と英二のコンビは東宝をあげての大作「海軍いかづち部隊・アメリカようそろ」という作品を高峰秀子主演で製作する予定になっていた。

これはある漁村を舞台にしたドラマで、アメリカ軍の空襲のため漁師たちは漁もままならない状況にあった。そこへ海軍の部隊がやって来て何かの訓練を始めるが、どういう目的なのかはわからない。そのうち兵士らは漁師たちとも親しくなり、漁を手伝ったりもする。やがて彼らは「アメリカようそろ」という言葉を発し、いずこかへ去っていく。実は彼らは特攻兵で、米機動部隊めがけ、出撃したのだった。

映画は本編部分を山本嘉次郎が担当し、千葉の館山で撮影を始めていた。ところが特撮部分を担当する英二は、八月一日に召集令状を受け、仙台の連隊に入営していたのだった。なお、敗戦後、本編部分を撮影した映像はすべて焼却された。

九　終戦へ

戦時下に撮られた多彩な作品

戦時下でも英二はいろいろな映画に関わり、その中には特撮を駆使して秀逸な場面を作り上げた作品もあった。

一九四〇年一一月封切り、「孫悟空（前編、後編）」（山本嘉次郎監督）は二時間以上にわたる大作で、日本芸能界に長く君臨し、お笑いの中心的存在として活躍した榎本健一（エノケン）が孫悟空に扮した作品だ。三蔵法師のお伴になって沙悟浄《さごじょう》、猪八戒《ちょはっかい》とともに天竺を目指す中でいろいろな騒動が起こるが、当時のオールスターを集め、アメリカ・アニメのパロディも含め、十分楽しめる作品となっている。金角、銀角の基地を科学研究所とし、テレビジョンに映った主人公一行を見て「いたずらに暴力に頼る時代ではない」など、ＳＦ的なアプローチも試みられている。孫悟空は觔斗雲《きんとうん》ならぬ飛行機で飛び回り、随所に特撮場面が見られる。

戦時下の娯楽映画に対する評論は非常に厳しかった。この作品も「愚劣大作」、「日本映画界の恥辱」とまで罵倒する映画評論家もいた。それでも、この映画は大ヒットし、各劇場の記録を塗り替えた。子どもたちはこの映画の中で主人公らが発した決まり文句をまね、孫悟空が如意棒《にょいぼう》を飛行機に変える際の「イー、リャン、サン」というかけ声が全国にこだましました。当時としては、これ以上ないほどの娯楽作品で、ヒットするのは当然ともいえた。後半の方で汪兆銘による中国の傀儡政権下の国策映画会社「中華電影」の女優・汪洋《ワンヤン》が歌う場面もある。この時代、エノケン映画で特撮が絡んだものには「兵六夢物語」（一九四三年、青柳信雄監督）があり、三つ目の大入道などが登場する。

一九四三年一月には異色大作「阿片戦争」が封切られた。一八四〇年に起こったアヘン戦争を描いた作品だが、この映画は日本人が演じているのに、映画の役どころとして日本人は一人も登場しない。林則徐《りんそくじょ》を市川猿之助が演じ、英国人は濃い顔の日本人俳優が付け鼻で演じている。

戦時下の日本は、欧米諸国による東洋の植民地化を問題視していた。アジア諸国の解放が戦争の口実となっており、横暴な英国の侵略を題材としたこの作品が製作されたのである。当時、戦火を交えていた中国を善玉として扱った作品だが、クライマックスで、英国の帆船から中国のジャンク船や建物への砲撃が行われるシーンは英二が担当している。一九四一年にイギリス艦隊とフランス・スペイン艦隊が闘った海戦を題材とした「That Hamilton Woman（邦名・「美女ありき」）」という作品があったが、その砲撃シーンが参考になったのだろう。英二が帆船の砲撃を撮影したのはこの映画だけである。この作品も大ヒットし、大きな話題となった。

一九四四年一一月、いよいよ日本の戦況も悪化の一途をたどっていた。こんな折、大映が製作した「かくて神風は吹く」という映画が封切られた。元寇を題材にした作品で、鎌倉時代、北条時宗の号令のもと、それまで対立していた各地の豪族が一致協力して国難に立ち向かうというドラマであり、これも国策映画の一つではあった。神風が日本を救った過去の出来事を苦境の情勢下で表現したかったのだろうが、国策映画のため、英二はクライマックスの暴風の場面を東宝から大映に出向して製作した。大映の菊池寛社長から依頼を受け、出向を命じた森岩雄も、この場面について

「私の記憶では、円谷さんの最高傑作の一つであると思う」と評価している。同時期に上映された本家東宝の「雷撃隊出動」がヒットしなかったのに、こちらは大当たりだった。山田風太郎は「歴史映画などには断じてなし、（中略）かかるしろものにて果たして士気高揚になるなど国民を甘く見るや（中略）ただ神風のシーン、東宝特殊撮影のちょっとした見どころあり」と評している。

この時代、「ハワイ・マレー沖海戦」のような本格的戦争映画以外にも、戦意高揚を目的とした国策映画が多数製作されていた。しかし、国民はそういった堅苦しいお説教めいた作品よりも、肩のこらない娯楽作品を望んだ。エノケンが活躍する喜劇、剣豪が正義のために闘う時代劇、夢のような恋愛劇の方が、断然楽しかったのである。国策映画で大ヒットしたのは「ハワイ・マレー沖海戦」や「かくて神風は吹く」だが、これらは英二が腕をふるった特撮場面が断然すばらしく、かつ勝ち戦だった。厳しい場面の多い国策映画など戦時下でも国民は望まなかった現実があるが、英二の特撮技術があまり観客の喜ばない国策映画にも面白みを持たせ、結果として多くの若者を戦場に連れて行ったことになる。

子どもたちへの気遣い

サイパン島が陥落すると、B-29による空襲が本格化した。都会の児童は疎開を勧められ、英二の息子たち一、皐《のぼる》も須賀川の大束屋へ疎開した。

戦時中に行われた学童疎開は、空襲の危険の多い都会から子どもたちを集団で地方へ移動させ、お寺などの施設に住まわせ、地元の子どもたちが通う学校で教育させた。集団での疎開が多かった

大東屋前にて疎開中の子どもたちと（1945年頃）

が、英二の場合には実家があり、そこで世話になることにしたのである。

英二には心配事があった。当時はまだ都会と地方では教育格差が大きかった。東京の子どもたちが田舎に疎開すると、たいていの場合、成績優秀な東京の子どもたちはやっかみを受け、イジメられる。特に一は東京市塚戸尋常小学校で副級長を務めるほど優秀だった。

何か子どものためにできることはないか。英二はいろいろ考えたあげく、「ハワイ・マレー沖海戦」などで使用した撮影用のミニチュア飛行機を送ることにした。こんな飛行機を見たら子どもたちは人気者となり、須賀川でもうまくやっていけるのではないか。

英二のアイディアは成功だった。何十機もの模型飛行機が大東屋に届くと、一郎は店の天井にそれらを吊り下げた。あたかも大編隊が飛行しているような光景はすぐに話題になった。

大東屋に飛行機があるよ、子どもたちにはすぐ情報が広まった。須賀川中の子どもが大東屋に集まり、映画で大活躍した飛行機を見物した。一や皐は一躍人気者となり、英二の願いは達せられた。英二には別の感慨もあった。飛行機に憧れた少年時代、その実家の天井に、自分が映画で飛ばせた飛行機が今、編隊飛行をしている。なんとも不思議な気持ちにもなった。

終戦

戦争はいよいよ激しくなり、空襲警報の数も日増しに増えた。一九四五年（昭和二〇年）になると、大規模な空襲も始まった。

そんな中、日劇や東京宝塚劇場で、風船爆弾を作るという話が伝わった。風船爆弾とは、気球のような大きな風船を作り、爆弾を吊り下げ、気流に乗せて日本からアメリカまで飛ばすというものである。その製作場として、天井の高い場所がふさわしいとなり、劇場が使用されることになった。もちろん、映画の上映は中止された。

「そんな笑い話のような作戦をするようになったか……」

気流に乗ってアメリカまで届いても、確実に相手を攻撃できる保証はない。そんなものでどれだけ効果があるのかもわからない。

英二はこの頃関わった映画、「勝利の日まで」を思い出した。この作品では、横山エンタツ、花菱アチャコ、古川緑波《ろっぱ》、高峰秀子ら日本のオールスターが慰問爆弾に乗り、戦地で持ちネタや歌を披露し、兵士らを慰問するもの。もちろん、現実離れした空想娯楽作品にすぎないのだが、風船爆弾など、これとたいして変わらない。

八月一日、英二のところにも赤紙（召集令状）が来た。それまで英二は召集を受けたことがなかった。かつて会津若松歩兵連隊にいた頃の仲間はみな何度か召集され、中国戦線を転戦して除隊になり、また召集されるような状況だった。軍は戦意高揚映画を作る英二すらも前線に送らなければならないほど逼迫していた。英二はあきらめとも不安ともつかない複雑な気持ちで連隊へ行くことになった。

上野を汽車で出発した英二は仙台の連隊に入営し、市内の小学校にある雨天体操場が宿舎となった。まもなく、八月一五日を迎えた。

宿舎の体操場には大きなラジオがあり、連隊はその前に整列させられた。将校はいよいよ本土決戦を覚悟せよと訓示した。しかし正午より聞いた玉音放送では、天皇陛下が自ら戦争終結を宣言した。

周囲の兵士が日本の敗戦を知り、多くは涙を流し、なかには嗚咽する者もいた。だが、英二は日本敗戦に悲しみを感じつつ、同時に体がふくれあがるような解放感を覚えた。今までは、何もかも軍主導で映画を作らされてきた。軍の無体な要求にも従わなければならなかった。これからは、もっと自由に映画が作れるかもしれない。戦争映画ばかりでなく、いろいろな映画を作りたい。英二の空想は広がっていた。

この日の夕方、仙台上空を日本の軍用機が飛び、檄文を撒いた。それにはなおも戦争継続を主張する軍部の決意が書かれていた。日本の敗戦を認めたくない軍人もいるのだ。これからいったいどうなっていくのか、英二にはわからなかった。

第3部 特撮の勝利

「ゴジラの逆襲」撮影風景（©TOHO CO., LTD.）

一　終戦後の不安

いろいろな噂

英二は仙台の連隊を引き上げ帰京した。

荒涼とした風景を見て、若い頃、家を飛びだし上京したときを思い出した。焼け野原となっていた関東大震災直後の東京の姿だ。一からやり直しは以前と同じだが、英二ら一部の映画人には大きな心配があった。それは戦争責任の問題である。

イタリア、ドイツなど先に敗戦を迎えた国では、軍の関係者や国家に影響力を持った人々が連合国により戦争責任を問われていた。それは軍人のみならず、戦争に関係した多くの人々も同様だった。積極的に軍に協力した政治家、企業経営者、行政担当者は、軍人でなくても処刑されることすらあった。戦意高揚映画を製作し、多くの若者を戦場に送り出す原動力となった映画人もその対象であり、この先、映画製作に関われなくなる可能性もあった。

英二の場合、経営側ではないが、「ハワイ・マレー沖海戦」、「かくて神風は吹く」など重要な国民映画に関わったばかりか、新兵用の教育映画を多く製作し、軍隊教育に貢献している。おそらく、何らかの処置が下されるものと思われた。

東宝の撮影所では、英二が死刑になるとか、アラスカに連行されて缶詰工場の作業員にされるなどの噂も飛び交った。さまざまな憶測が人々の間を駆けめぐった。

GHQの指示

八月末には米軍は日本に上陸し、九月からGHQ（連合国軍総司令部）による統治が始まった。このGHQには民間情報教育局（CIE）という組織が結成され、その中の映画演劇課が日本映画の管理に関わることとなった。

映画演劇課の課長はデヴィッド・コンデという人物だった。コンデは九月二二日、映画業界首脳を約四〇名招集した。大映の菊池寛、松竹の城戸四郎、そして東宝からは森岩雄が出席したが、コンデは日本の民主化に協力する意向のある者に限って映画製作の再開を許可するとし、今後の映画製作の基本方針を次のように伝達した。

一、日本の軍国主義および軍国的国粋主義を撤廃すること。

二、信教の自由、言論の自由、集会の自由のような基本的自由を含む日本の自由主義的傾向および活動を促進すること。

三、日本が再び世界の平和と安全に対する脅威にならないことを保証するに充分な条件を設定すること。

これ自体は至極まっとうな通達だったが、日本文化を十分に理解しないGHQからは、仇討ちを主体とする時代劇の禁止、封建的な忠誠と復讐の教義に立脚している歌舞伎タイプの劇はダメなど面倒な注文が相次ぎ、日本の映画人を困惑させた。大映の菊池寛社長は、「時代劇は大人の童話ともいうべき荒唐無稽のものであって、それを禁止するには当たらない」との意見を英語で説明した。東宝の森岩雄は、「日本の民主化というが、その達成には百年の歳月を要するだろう、急激に製作方針を改めることには無理があり徐々に、そして確実に行われるべきであろう」と主張したが、アメリカの担当官は、民主化は直ちに実行しなければならないと怒号した。当時はまだ、アジア、アフリカの大半が欧米の植民地という状況であり、文化の隔たりも大きかったが、映画各社の代表者は辛抱強く踏ん張り、日本映画の理解を求めた。

同年一一月、コンデは映画製作に禁止項目を付けた。軍国主義を鼓舞するもの、仇討ちに関するもの、愛国主義的で排外的なもの、人種または宗教的差別を是認したもの、封建的忠誠心または生命の軽視を好ましいこと、または名誉あることとして描いたもの、直接間接を問わず自殺を是認したもの、歴史的事実を歪曲するもの、民主主義に反するものなどだが、これにより、今まで多く作られた戦争映画、時代劇、ヤクザ映画などはしばらく封印された。

「東京五人男」

国民最大の娯楽である映画は戦後すぐに製作が再開された。戦前は軍が映画法によって映画製作を統制していたが、今度はGHQがそれに代わった。映画人たちは彼らに従わざるをえず、生活のため今までとは方向性の異なる作品を製作した。

一九四五年（昭和二〇年）末封切りの「東京五人男」は英二が戦後初めて参加した作品である。監督は喜劇の巨匠・斎藤寅次郎、出演は古川緑波、横山エンタツ、花菱アチャコ、石田一松など喜劇俳優のオールスターが集った。

こんなストーリーだ。

焼け野原の東京に、軍需工場に動員されていた五人の男たちが復員してくる。家に帰ると、自分たちの葬式が行われている。彼らは元の仕事に戻るが、物資不足の世の中には汚職や賄賂が蔓延しており、ブルジョアがすべてを支配している。配給食料をもらうのに何時間も大勢を待たせたり、地上げ屋が暗躍し、主人公らを立ち退かせてキャバレーを作ろうとする。子どもが病気になっても、金がないと医者も診てくれない……。やがて五人は立ち上がり、悪い役人をやっつけて明るい社会作りに邁進する。

会社社長や豪農が富を独占し、庶民は慎ましやかに暮らすしかない。ついに堪忍袋の緒が切れた主人公らがブルジョアをやっつける筋立ては、いかにもGHQの指針に従った開発途上国の改革運動のようだが、この作品はデヴィッド・コンデを大いに喜ばせた。古い考えを捨て、市民が立ち上がって新しい社会を作っていくことはGHQが日本人に取り組ませた課題だった。

英二は冒頭の引き上げ列車や土砂崩れで流される家屋などをミニチュア特撮で表現している。派手な戦闘場面はないが、もはや技術者として完成された時期であり、画面に違和感なくとけ込んでいる。どのように時代や世相が変わっても、自分の仕事はきちんとこなしていくしかない。だが、冒頭のテロップでは「特殊技術・円谷英一」と紹介されている。「英二」になって久しいのに、である。

「東京五人男」は大ヒットした。斎藤監督は喜劇映画の大御所だったし、緑波、エンタツ、アチャコなど戦前からの喜劇スターたちはそれぞれ芸達者ぶりを発揮した。庶民は戦前も戦後も関係なく娯楽映画を好み、喜劇スターに拍手喝采を送った。

この作品では緑波と息子役の小高つとむが一緒に風呂に入る場面がある。セットには満月が描かれ、貧しいながらもようやく平和が訪れたことを親子で喜ぶシーンである。この場面を見た多くの人が「平和」を感じたという。こんなシーンに英二の技術が生かされている。厳しい戦争の時代が終焉し、ついに平穏な社会が訪れた。多くの人々が将来への希望を持ってこの作品を鑑賞した。

二　公職追放指定

東宝争議

ＧＨＱは日本の映画会社に労働組合結成を奨励した。労働組合などの民衆の活動は、日本に民主主義を植えつける原動力になるだろう、労働組合があれば日本の民主化が進み、軍国主義を排除できるという考えもあった。まず松竹に組合が結成され、次第に他社にも伝播した。

「東京五人男」にも、労働組合活動を思わせる場面が後半たくさん登場する。当時は労働組合に夢を持って加入する人も多かった。軍国主義の呪縛から逃れ、人々が安心して暮らせる生活がそこに待っているとも思えた。東宝でも多くの職員が組合入りした。映画人の中には、自分が戦争へ協力したことへの反省から組合入りする人も多かった。

こういったムーブメントの中、日本共産党が大いに躍進した。実質的に東宝を牛耳るような形になり、監督の中にもその流れに同調する人も出てきた。ただ、連日続くストライキで映画製作本数が激減してしまい、会社の運営には影響が出てきた。

労働者の権利を守ることは大切だが、商品である映画の製作ができないのでは話にならない。のちに監督となって英二と戦争大作をいくつも作る松林宗恵《しゅうえ》は、「戦時中のミリタリズムにも辟易していたが、それと同じことだ」と語っている。

英二のようなタイプは、自分のやりたいことを妨害されるのを何より嫌う。かまっていられないとばかり、編集室へ行き、過去のフィルムなどの点検作業を始めた。とたんに組合員たちが入ってくる。なんだかんだともめ事になったが、多勢に無勢で英二は部屋を放り出されてしまった。映画会社にいながら、映画の仕事ができない……英二にとって、不愉快極まりない日々が続いた。

労働組合の意義

「来なかったのは軍艦だけ」といわれる東宝争議は、後世にも語られる大騒動に発展した。一九四八年、東宝が組合員一二〇〇名の解雇を発表すると騒然となり、ついには米軍が戦車七台、航空機三機を送り出した。これで一時は鎮圧されたが、組合活動はその後も継続し、東宝で働く労働者に浸透した。

のちに「ゴジラ」が製作されたとき、経験のない怪獣映画のため予定通りに撮影が進まず、残業の連続になった。このような状況でも残業手当は適切に支払われ、アルバイトの学生らを喜ばせた。当時は苦学生も多く、絵画や工作に心得のある美大生などは、残業が多い特撮の現場に好んでやって来た。それがきっかけで映画界入りした学生もいる。

その後も怪獣、ＳＦ映画はたくさん作られた。撮影計画の立てにくい特撮では残業が常態になる。こんなとき、賃金がまともに払われなかったら、下で働く人たちもやっていられない。組合が機能し、労働法が適切に守られた結果、数多くの傑作が誕生したともいえる。

時を経て二一世紀に入り、東宝は映画界で一人勝ちの状況が続いている。これは早くから健全な労使関係が構築され、職員が安心して働ける環境が整っていた事実と無縁ではないようだ。長いスパンで考えれば、この時期の労働組合騒動は東宝の経営に福音をもたらしたかもしれない。

新東宝の設立

しかし、長引く争議やストライキは、純粋な映画人たちには耐えられない時間だった。彼らにとって右か左かの思想はどうでもいいことで、ともかく映画を作りたかった。東宝の状況に不満を感じた映画人たちはやがて立ち上がり、大河内傳次郎を中心として「十人の旗の会」が結成された。メンバーは長谷川一夫、藤田進、山田五十鈴、原節子、入江たか子など一流の俳優ばかりだった。ここに阿部豊、中川信夫、斎藤寅次郎、市川崑、松林宗恵、古沢憲吾などの監督も加わって、映画の製作再開を叫び、東宝撮影所従業員組合（第三組合）とともにストライキを離脱した。これが会社組織となり、株式会社新東宝映画製作所、通称「新東宝」が設立されるに至る。

新東宝は映画製作のできない東宝に代わって劇映画製作を開始した。一九四七年三月、第一回作品「東宝千一夜」が発表された。暴漢に追われた人気娘役・山根寿子がステージに逃げ込むと、そこでは東宝の名だたるスターたちが芸を披露している。撮影所を紹介するバラエティーの形をとった作品であり、なかなか作品を発表できない東宝への当てつけ的な作風だった。誘われて参加した英二は特殊効果を担当したが、GHQの発表を待つ身であり、それ以上の協力はできなかった。

新東宝はその後も紆余曲折を経て、一九六一年に倒産するまでさまざまな作品を発表した。特殊技術課で英二の部下だった上村貞夫が、戦争映画作品などで特撮の腕をふるった。

揺らぐ心

GHQの占領政策には、「戦時中にあらゆる産業の中心的な活躍をした人物をその場から追放する」という項目があり、「公職追放」と呼ばれた。それは大衆を扇動することも可能なメディア、映画にも及んだ。公職追放指定を受ければ、映画業界を離れなければならないが、終戦から追放指定までに実に二年の月日が流れた。米軍が「東洋」という異文化を理解するのに時間がかかったのだが、追放指定の可能性が高い人々にとって、それこそ針のむしろに座るような不安な日々だった。

追放指定は該当者を一斉に発表するものではなかった。一九四七年(昭和二二年)の一〇月から三回に分けて発表された。英二の恩人である東宝の森岩雄や、大映の菊池寛など経営陣の指定は当然のこととされていた。

一回目が過ぎ、二回目が過ぎた。そこに英二の名はなかった。「もしかしたら、大丈夫かな……」英二は淡い期待を持った。二三歳で家を飛び出して映画界に戻った英二は、人生を映画に捧げてきた。新しい技術を次々と開発し、日本映画の質的向上に大きく貢献してきた。「できれば、映画界に残りたい……」、英二の願いは切実だった。

英二はこの頃の問題を実家の一郎宛に手紙で書いている。

兄上様

ご無沙汰いたしました。先日はマサノや一がお世話様になって相済みませんでした。粲《あきら》〔三男、一九四四年生まれ〕のジフテリアで定めし御迷惑をおかけしたことと存じます。そちらの子供達はその際感染でもしなかったかと案じておりましたが如何でしたか?

私も新時代への新発足でなにかと多忙を極め無精をしておりましたがどうやら最近は目標ができて目下新方向へ向かって努力しております。

ただ一つの問題は戦争犯罪者になるか逃れるかですが三月くらい頃には決定するでしょうが、悪い場合を想定してその対策(犯罪者となったときの)は立てました。私の場合は文化関係の面で戦意高揚、敵愾心喚起等の仕事に携わったことが犯罪理由となるでしょうが、(中略)国民として当然すべきことをしてきたのですから決して悲観もありません。

犯罪者として今後、指導的な仕事ができなくなるのなら、映画なんかあっさり捨てて、見事に転身する覚悟で既に玩具製作を開始しています。

玩具製作は一ヶ月ほど前から着手してデパート関係や東京の玩具協会とも契約し最初はジープを製作しましたが見本を見せたところデパート関係が大層気に入って一万台の注文を受けました。それに玩具協会からさらに一万台の注文で、今までは内職か道楽的にやっていくつもりだったのが本格的になって、目下大いにあわてています。

しかしいずれにしてもそんな大量な注文を消化するような計画はなくなんの設備もないので一ヶ月に二万台どころか二千台がやっとこさの能率なのでどうしようかと考えています。木工機械でもあればよいのですが（中略）、目下六人の大工さんが一生懸命に作っています。（中略）戦争犯罪人にでもなったら、この道でもこれからは金儲けできます。


「映画なんかさっさと捨てて……」と、強気な態度を見せているが、これは実家の人々に心配をかけまいとする英二の気遣いだった。生活の問題もあり、物作りの才能を生かして玩具作りにも取り組んでいた。しかしこの玩具製作も、本格的な設備を持つ工場があるわけではなく、ほとんど生活の足しにはならなかった。

追放指定

一九四八年（昭和二三年）三月、三回目の発表があった。これで指定されなければ、英二は晴れて映画界でまた活躍できる。「指定しないでくれ」、英二は拝むような気持ちで撮影所に向かった。撮影所のドアを開けると、特殊技術課の職員と目が合ったが、すぐに目をそらした。なんとも気まずそうな表情だ。

英二は立ちつくした。この職員の態度ですべてがわかった。

「やっぱりダメだったか」

呆然とする英二のところに上司や同僚が駆け寄り、声をかけるが、なんの慰めにもならなかった。英二の姿を見て涙をこぼす職員もいた。追放指定を受けたのは厳然たる事実だった。

英二の罪

追放指定は全職種で二一万人もの人が対象となった。そのうち映画、演劇の分野では三一名だったが、英二以外は経営陣ばかりだった。

英二自身に、若者を戦場に送り込みたいという意志があったわけではない。ただ、会社と国の方針に従い、最善の努力をしただけだった。だが、その優れた特殊技術がむしろ仇となり、戦意を高揚させる作品を生み出したのも事実だ。

三月末日、英二は東宝に退職届を提出し、退社が決まった。失意に落ち込む英二の自宅に森岩雄が訪ねてきた。二人はお互い追放の身だが、森は思いのほか元気だった。持ち前の陽気さがあり、落ち込むようなタイプではなかった。

森は、処罰はもっと厳しいと予想していた。アメリカで奴隷にされる、という人もいた。それを思えば、生きていられるだけでもありがたい。開き直って、妻を連れて日本中を旅行しているほどだった。

森は英二にいった。

「円谷君、君には、誰にも負けない技術がある。きっとすぐ、君を頼ってくる人がいるよ」

英二は半信半疑だったが、森には確信があった。日本映画界に英二ほどの技術者はいない。追放指定とはいえ、何らかの形で映画に関わることもできなくはない。いずれどこかの映画関係者が英二の腕を頼ることがあるはずだ。

映画界の公職追放指定は、映画が国民に与える影響を考慮し、戦後の映画を統制する目的があったが、対象となった人々が再び戦意高揚映画を製作し、軍国主義復活を鼓舞するとは思えなかった。公職追放指定が行われたのは日本、ドイツ、イタリアの同盟国三国だったが、このうちドイツの処遇が最も厳しく、追放指定された者が再び映画界復帰を果たすことはなかった。イタリアと日本はやや甘く、一定の時期が過ぎると該当者が次々と復帰した。それぞれの国により事情が違い、日本では映画人らをＧＨＱが厳しく監視することはなかった。あまり目立たなければ、英二も映画活動をすることは可能だったのだ。

三　特撮下請け屋

特撮場面の依頼

英二はとにかく収入を得る必要があった。そんなとき、新東宝の映画スタッフが英二を訪ねてきた。富士山の山頂を舞台とした映画を製作中だが、俳優を山頂に連れて行くのは困難なので、その場面を特撮にしたい、という依頼だった。

新東宝にはまだ技術者が少なかった。かつての英二の部下・上村貞夫もいたが、そこまで技術がない。いよいよ困ったスタッフは、英二の門を叩いたのである。

英二は戸惑った。公職追放の身で仕事を受けていいのだろうか。しかし、彼らは「映画を撮ってはダメということではない」という。

実際そのとおりだった。製作された映画はすべてGHQが検閲したので、問題があればその時点で処置できる。英二はやってみようと決心した。自宅に必要な機材を少しずつ揃え、映画製作の体制を整えた。

どのような映画にも、通常の撮影だけでは撮れない場面がいくつか出てくる。暴風雨の場面や山頂など特殊な場所、実際に存在しない建物などは、英二のような技術者がいないと撮影できない。そんな場面の注文を受け、そこだけ撮影して納品すれば、生活は成り立つのではないか……。特撮の下請け業者となり、新興の映画会社などから注文を受け付けることにしようと、英二は思い立った。

新東宝から受けた依頼は「富士山頂」(一九四八年)という作品だった。富士山頂に観測所を設置し、気象観測を行う男の物語である。この作品を完成させた新東宝スタッフは、続けて「天の夕顔」(一九四八年)などの作品の場面も依頼してきた。英二の手元にも、そのつど下請け料が入るようになった。

実は英二を訪ねるように進言したのは森岩雄だった。森は、いつも各映画会社に顔を出し、スタッフが特殊技術の問題でつまずくと、英二にいえばいい、とアドバイスしていた。

「円谷研究所」の設立

「円谷さんは仕事を請けてくれるらしい」

映画業界に話が広まった。英二の仕事復帰を待ち望んでいた人々もいた。

この頃、新興の映画会社がいくつか立ち上がった。東宝を飛び出した新東宝をはじめ、東横映画なども誕生したが、これらの新しい会社はまだ技術者が育っておらず、特殊技術を持つ人の助けを必要としていた。

また、戦後は独立プロが次々立ち上がった。東宝争議で東宝を去った監督たちは、それぞれ協力して独立プロを作り、戦時下では製作できなかったプロレタリア作品に挑んだ。また、農協、教員組合といった団体が資金を出し合って作品を作ることもあった。彼らの悩みの種は映像を作品として成立させる特殊技術だった。こういった人々により、英二の技術にニーズが集まった。

敗戦により物資不足が常態化し、人々は食料に事欠く状況だった。そんな時代だからこそ、庶民は映画の中に楽しみを見出した。映画会社が増えると作品も多く発表され、映画が人々の最高の娯楽となった。

英二が自宅を多少改造して仕事場にし、仕事を請け負うようになると、そこは各映画会社の関係者たちから「円谷研究所」、「円谷特殊技術研究所」などと呼ばれるようになった。もっともこれは正式な法人組織ではなく、英二の個人経営だった。英二は東宝と吉本興業が提携した「肉体の門」（一九四八年）、松竹大船の「颱風圏の女」（一九四八年）、東横映画の「月光城の盗賊」（一九四八年）など、各社の仕事をこなした。

有川貞昌の加入

非公式とはいえ英二の研究所が知られると、映画を志す人々の中に、特殊撮影に興味を持つ人も出てくる。

有川貞昌は海軍の台南飛行場で雷撃隊に所属したが、英二の作品「南海の花束」を見て飛行機に憧れて志願し、戦時中は「雷撃隊出動」に感激した経験をもつ。終戦後、親戚を頼って東宝に入社したが、ストライキばかりの東宝に嫌気がさして退社し、円谷研究所を訪ねてきた。

開口一番、有川は「雷撃隊出動」の撮影は、どこの隊でやったのかと質問した。

「あれはね、特撮だよ」

あのアングルは、飛行機に乗ったものでないとわからない。有川は、実写とばかり思っていたので、特撮と聞いて驚いた。英二が飛行機に乗っていたことがわかり、二人は意気投合する。以降、英二にとって有川は最も信頼する弟子となる。

あるとき、英二はプロレタリア作品を発表する新星映画社から「箱根風雲録」(一九五二年)という映画の特撮部分の発注を受けた。山本薩夫監督の作品だった。江戸時代、水不足で何度も饑饉にあった駿河国に蘆ノ湖の水を引き込む治水作業を民間の商人・友野与右衛門が行う。そのクライマックスで治水事業が成功し、水が流れてくる場面を依頼されたのだった。

英二は有川に命じ、裏の畑を鍬で掘り、堀を作った。そこに桶で水を流し、低いアングルから撮影した。桶で水を流すのは有川の担当だ。英二の合図で有川は桶を少しずつ傾ける。畑の堀を流れる水を英二が撮影する。地べたに這いつくばって撮影する英二は土だらけになった。

有川はあまりに稚拙なやり方に驚いた。「特撮」とはこんなものか。しかし、ファインダーを覗く英二の目は真剣だ。ともかく英二についていくしかなかった。

屈辱の撮影

各映画会社の仕事が入るようになると、円谷研究所の門を叩く映画人も増えた。富岡素敬《もとよし》、利光貞三、マサノの弟の荒木秀三郎など、その後の特撮映画に欠かせない重要なスタッフもこの時期に入ってきた。「円谷研究所」はそれなりに充実してきた。しかし、特撮場面の下請け仕事はコンスタントにくるわけではない。仕事が入って料金をもらっても、働く人たちを十分に養っていけるほどの賃金を払えず、生活はいつも苦しかった。有川は粲をあやす英二の姿ばかり見ていた。

英二は会社組織を構築する発想がなかった。自分の経験をもとに、映画が大当たりすれば生活は潤い、やっていけるという考えだった。

あるとき古巣の東宝から仕事の依頼があった。厚生省からの注文で、赤痢を予防するための啓蒙映画の製作だった。どんな仕事でも金になるなら断れない。英二はかつての職場に出かけていった。大部屋俳優たちに白衣を着せ、研究者の役を演じてもらう。英二はそれを遠巻きに撮影した。

東宝の人々は、カメラを回しているのが英二であることに気づいた。

「おい見ろよ、円谷さんだぜ」、「え、あの『ハワイ・マレー沖海戦』の?」

俳優たちのひそひそ声が英二の耳にも入った。みんなが自分を哀れんでいる。かわいそうだと思われている。英二が持つ手回しのカメラが小刻みに震えた。

「ちくしょう……」

英二には、人から「かわいそう」と思われることが何よりつらかった。一刻も早く、この苦境から脱さねばならなかった。

四　写真ボックスの挫折

鷺巣富雄の訪問

不遇をかこつ英二のところに、かつての部下がひょっこり訪ねてきた。かつて特殊技術課で英二の研究を手伝った鷺巣《さぎす》富雄(うしおそうじ)だった。

鷺巣は戦後、東宝の労働組合に入ったが、さっぱり映画作りが進まず、ここにいても仕方がないとあっさり退社していた。

鷺巣は線画の才能を生かし、漫画家に転身して当時「赤本」と呼ばれた子ども向きの書籍に作品を次々と発表していた。二人は戦時中の思い出話やら、最近の映画作品評やらで大いに語り合った。

鷺巣とは師弟関係ともいえる間柄だった。その鷺巣が東宝を辞め、漫画家で成功している。英二は刺激を受けた。映画にばかりこだわる必要はない。ここは何か、別のことをやってみようか……。

英二は考えをめぐらせた。

「写真ボックス」のアイディア

英二は京都にいた頃、週末にデパートの一角を借り、「即席写真」を撮影し収入を得ていた。これは、英二がデパートを訪れる客の写真を撮り、すぐに現像、印画して渡すサービスだった。

この時代、カメラは家庭に普及しておらず、写真館の館主か金持ちの趣味人など、限られた人々だけが所有する贅沢品だった。一般の人が写真を撮るには写真館へ行くか、カメラマンに依頼するか、いずれにしろ写真の完成には一週間ほどを要した。

その場で写真を受けとることができる「即席写真」は当時としてはもちろん画期的だったが、英二はさらにその上をいく装置を模索していた。無人で自動的に写真を撮り、数分で写真が出てくる装置を開発したら、すごく便利だろう。英二はいろいろ工夫し、「写真ボックス」を開発した。

この装置は現在の「証明写真ボックス」とほぼ同じ仕組みであり、箱のような装置の中に椅子があり、そこに人が座ってお金を入れ、床に三つ並んだペダルを踏み、フォーカスを合わせる仕掛けになっていた。わずか数分で誰でも自分の写真を手にすることができる。

こんな装置は今までどこにもない。これは売れるぞ、英二は確信を持った。上京したばかりの頃に子どものおもちゃを作って大成功したことがあるが、それ以来の大ヒット作品になるに違いない。きっと生活も楽になるだろう。

デパートへの売り込み

この時代、商業の中心は、各地の一等地に建つデパートだった。英二は知り合いのつてを頼ってデパートへ営業をかけた。

結果は上々で、どこの担当者も興味を示した。「客引きになっていい」と彼らの受けはよかった。各デパートに何台か納品したが、使用頻度が増えると故障が出てきた。構造上リレー（電気のスイッチ）の部分が弱く、トラブルが相次いだ。また、映画用のフィルムを使用したため、写真としては精度が悪かった。苦情の電話がくると英二ばかりか有川らまで駆り出される始末だったが、改良を重ね徐々に改善していった。

あるとき、福井県から連絡が来た。評判を聞いた百貨店の大和が、各店に写真ボックスを配置したいので、計二〇台注文したいという。日本海側の各都市に展開しているデパートだったが、全店一斉に設置するというのだ。

英二は小躍りした。これを機にまとめて注文が来るかもしれない。英二は製造を急がせ、完成品を貨物列車に乗せた。

有川は、二〇台も一度に置かれたら、故障も多くなると心配したが、英二はこれに賭けた。英二の顔に笑顔が戻った。故郷に宛てた手紙にもこの写真ボックスを、「いずれ須賀川にも一台送りますから……」と記した。

「写真ボックス」事業からの撤退

一九四八年（昭和二三年）六月の朝、新聞一面を見た英二は驚愕した。福井県でマグニチュード7・1の大地震が発生したのである。「福井大地震」と呼ばれるこの震災は、四〇〇〇名近い死者を出す大災害となった。すぐに福井に連絡したが、電話もつながらない。

状況が徐々に伝わった。それは英二にとって最悪の知らせだった。福井市内の貨物列車は脱線転覆し、英二が製作した二〇台の写真ボックスは瓦礫と化していた。その上、納品先の一つだった大和福井店は崩れ、これを機に閉店した。すべてが崩壊してしまったのだ。

当時はこういった地震に対する保険がなかった。被害者に対する保証もなく、英二は写真ボックス二〇台の製作費、材料費をまるまるかぶる羽目になった。写真ボックス事業は大きな借金を抱え、中止せざるをえなくなった。

話を聞いて鷺巣が駆けつけてきた。

「ああ、鷺巣君、このざまだよ」

英二は自分の不運さに呆れるしかなかった。のちに鷺巣はこのときの英二の悲しい姿が一番印象に残っていると語っている。

五 「透明人間現わる」で大映入りを狙う

大映からのオファー

映画各社から英二に特撮場面の依頼が相次いでいた頃、一九四二年(昭和一七年)創業の大映に、英二とは因縁浅からぬ永田雅一が復活した。永田は早くから公職追放指定となっていたが、一九四八年五月には早くも指定解除となり、その後すぐ大映社長に就任した。

戦前より興行師として辣腕《らつわん》をふるっていた永田は、東宝を追放され日の目を見ずにいた英二に注目した。過去にはトーキーの技術者として英二を松竹から日活に移籍させた実績があるし、戦時中の一九四四年には、「かくて神風は吹く」で英二を大映に招き、大ヒットさせていた。戦前より英二を知り、映画技術者として常に時代の先端を行く英二に注目するのは当然のことだった。

大映からのオファーに応え、英二はまず「虹男」(一九四九年)に協力した。当時の映画界は戦前に大流行した時代劇が禁止され、それに代わって推理探偵劇が多く作られていた。この作品もその一つで、メスカリンという幻覚剤を利用した連続殺人事件を追及するドラマとなっている。作品はクライマックスになるとわずかながら画面がカラーになるという意欲作だった。

ついで製作されたのは「幽霊列車」(一九四九年)である。エンタツ、アチャコ、柳家金語楼といった喜劇俳優が登場するスラップスティック・コメディーだが、蒸気機関車が脱線事故を起こしたり、主人公らが活躍するアクション場面で特撮が有効に使用され、なかなかの傑作に仕上がっている。この作品では英二得意のミニチュア汽車が活躍し、効果的な場面を構成している。英二は永田の期待に応え、秀逸な特撮場面を製作していった。

新企画

いくつか大映の仕事を請け負っているうち、英二は大映の映画プロデューサー・奥田久司に呼ばれた。英二に会うなり、奥田は新企画の脚本を見せた。そこには「透明魔」と書かれてあった。人間が透明になり、騒動を起こすというストーリーは、かつてのアメリカ映画、「透明人間」を連想させた。この企画には人間が透明になる場面がいくつかある。当然、特殊撮影が必要であり、それ

郵　便　は　が　き

料金受取人払郵便

本郷局承認

2347

差出有効期間
2020年3月31日
まで

（切手を貼らずに
お出しください）

113-8790

473

（受取人）

東京都文京区本郷2-27-16 2F

大月書店　行

注文書

裏面に住所・氏名・電話番号を記入の上、このハガキを小社刊行物の注文に利用ください。指定の書店にすぐにお送りします。指定がない場合はブックサービスで直送いたします。その場合は書籍代税込1500円未満は530円、税込1500円以上は230円の送料を書籍代とともに宅配時にお支払いください。

書　名	ご注文冊数
	冊
	冊
	冊
	冊
	冊

指定書店名 （地名・支店名などもご記入下さい）	

ご購読ありがとうございました。今後の出版企画の参考にさせていただきますので、下記アンケートへのご協力をお願いします。

▼※下の欄の太線で囲まれた部分は必ずご記入くださるようお願いします。

●購入された本のタイトル		
お名前《フリガナ》		年齢　　歳
電話番号（　　　）　—	ご職業	
ご住所　〒		

●どちらで購入されましたか。

市町
村区　　　　書 店

●ご購入になられたきっかけ、この本をお読みになった感想、また大月書店の出版物に対するご意見・ご要望などをお聞かせください。

●どのようなジャンルやテーマに興味をお持ちですか。

●よくお読みになる雑誌・新聞などをお教えください。

●今後、ご希望の方には、小社の図書目録および随時に新刊案内をお送りします。ご希望の方は、下の□に✓をご記入ください。

□ 大月書店からの出版案内を受け取ることを希望します。

●メールマガジン配信希望の方は、大月書店ホームページよりご登録ください。（登録・配信は無料です）

いただいたご感想は、お名前・ご住所をのぞいて一部紹介させていただく場合があります。他の目的で使用することはございません。このハガキは当社が責任を持って廃棄いたします。ご協力ありがとうございました。

を英二にやってもらいたいという。

英二はうなった。H・G・ウェルズ原作の映画「透明人間」は一九三四年（昭和九年）に日本でも公開され、大きな注目を集めた。目に見えない人間が騒動を起こすドラマだが、これを日本でも作ろうというのだ。久々に面白い企画を見て、英二も興奮した。こんな映画を作りたかった。それが今、目の前にあるのだ。

大映の社長・永田は、この作品を「日本初の本格的トリック映画」として売り込もうとしていた。日本映画界の顔役として長く君臨し、時には映画界をかき回す永田の印象はあまりよくなかったが、おそらく永田も英二の腕を期待しているに違いない。永田は「ハワイ・マレー沖海戦」を成功させた英二によって、日本映画の新たな一ページを切り開こうというのである。

「日本初の本格的トリック映画」は、決して誇張ではない。永田は、もしこれが成功したら、英二を大映の専属として招くと考えているという。

これは思いがけないサプライズだった。もし大映の専属になれば、生活は安定するだろう……。永田がいうように、この手の作品を自分以外の誰がやれるというのか。英二は意気込んだ。ここは力の見せどころだと思った。英二は早速有川らにこの企画を話し、準備を進めることにした。

苦労だらけの撮影

映画「透明人間現わる」（一九四九年）は大映京都の製作だった。英二は有川と荒木秀三郎を連れ、京都に向かった。

この作品には透明人間が絡む特撮場面がいくつかある。顔に包帯を巻いた男が包帯を取り外すと中は透明だったり、透明人間がサイドカーを運転し誰も乗っていない（ように見える）のに動いていたり、透明人間がタバコを吸う場面などである。これらの場面は本編をまず撮ってそのフィルムを編集、加工して表現することにした。一九三四年の作品「透明人間」を見て、おおよその特撮の見当はついていたが、実際やってみると思いどおりにいかない場合がある。包帯をとると中の人間が見えないというトリックはできたが、ほどかれた包帯の表面は映っても裏側が透明のままだった。英二らは必死で「包帯の裏側」を映像化した。

この映画に関しては、本編との打ち合わせ以外はもっぱら借りたアパートの中で行われた。透明人間の部分はフィルムに合わせて黒い紙を切り抜き、映らないようにする。フィルムは一秒に二四コマあるので、わずか五秒の撮影に一二〇枚もの黒い紙を人のフォルムに合わせて切り取らなければならない。気が遠くなるような作業が連日徹夜で行われた。

男三人の下宿暮らしは数週間続いたが、経済的にも余裕がなく、外食は避けて自炊をした。英二がポケットマネーを有川に渡し、有川がそれで米を買ってきた。

自炊などしたことがない有川だったが、下宿の主人から釜を借りて米を炊き、漬け物だけの夕食の用意をした。三人が米を食うと、全員表情が曇った。水が足りず、米に芯があったのだ。

英二は、たまにはこんな飯もいいじゃないかと有川を慰めた。厳しい状況の中、それでも三人はいい映像を残そうと作業を続けた。

「透明人間現わる」の教訓

ようやく完成した「透明人間現わる」はこんなストーリーである。

化学者の中里博士はあらゆるものを透明にする薬品を開発するが、元に戻す還元剤はまだ完成していない。また、透明になると性格が凶暴になるという副作用も解決していない。博士には二人の弟子（瀬木、黒川）がいて、二人とも博士の娘・真知子を恋い慕っている。ある日、中里博士が失踪し、次いで黒川も行方不明になる。その頃、八〇〇万円もするダイヤ「アムールの涙」を盗もうとして「透明人間」を名乗る盗賊グループが世間を騒がすが、これは中里博士ではないかと世間は怪しむ。しかし、透明人間になったのは実は黒川だった。黒川は宝石ブローカーで「アムールの涙」を狙う川辺に透明薬を飲まされ、「アムールの涙」を強奪したら元に戻してやると騙されていた。しかし、黒川にはレビューの花形女優の水城龍子という妹がいて、ともに河辺ら一味と闘うが、最後には盗賊グループも警察に追い詰められ、黒川も死んで透明だった姿が見えるようになる――。

凝りに凝ったストーリーだが、煩雑でもあり、透明人間の妹が花形女優だったりと、偶然の話が多すぎる。透明になれば凶暴化する設定もハリウッド版「透明人間」の二番煎じで、特撮がどうこう以前に企画倒れであり、無理に話題を詰め込みすぎた感は否めない。

その中で特撮場面はなかなかの冴えを見せる。特に、透明人間が椅子に腰掛け、タバコをふかす場面は、名シーンと高い評価を得る。ハリウッドの「透明人間」は撮影するのに三か月かかったが、英二はほぼ同数のカットをわずか一か月弱で成し遂げた。それだけでも素晴らしい技術だといえる。

この作品は話題性だけはあったが、作品としての完成度が低く、興行的には成功といえなかった。どんなに特撮部分が優れていても、映画そのものが当たらないと会社としては意味はない。本編部分との関連がいかに大切か、英二は思い知らされた。特撮だけが優れている映画は「いい作品」とはならない。

海外作品には、「特技監督（technical director）」という肩書きの役職がある。特撮も映画の付け足しではなく、きちんとしたセクションを持たなければならない。そして、本編と特撮が連携し、両者が納得して仕事を進めなければならない。そうでなければ、いい仕事ができない。今回の件は英二にとって大きな教訓となった。

大映入りならず

深々と雪の降る午後一〇時、有川と荒木は京都駅にいた。大映京都の事務所に行った英二と、ここで合流する予定だった。やがて、帽子をかぶった英二の姿が見えた。

シルエットがハッキリしてくると、二人には英二の落胆した姿がありありとわかった。帽子や肩に雪が降り積もり、それを払い落とそうともしない。

「ダメだったよ……」

振り絞るような弱々しい声で英二がいった。彼らの大映入りはかなわなかったということだ。有川、荒木も言葉が出なかった。

英二は残務整理のために残り、二人を先に東京へ帰した。列車が京都駅を出発し、英二はいつまでも二人を見送っていた。のちに英二の後継者となる有川は、このときほど英二が悲しく寂しそうに見えたことはないという。

英二は仕事を片づけ、今回の作品で中里博士を演じた月形竜之介いきつけの酒場に向かった。月形竜之介はもともと時代劇のスターだが、この時期は時代劇の製作が制限されていたため、現代劇に出演していた。

「またもらい酒かい」と竜之介は皮肉をいったが、英二は酒を飲まずにいられなかった。切ない酒宴は進んだが、この席には、のちに数々の英二作品で音楽を担当する伊福部昭《いふくべあきら》もいた。伊福部は静かに二人のやりとりを見つめていた。

六　東宝へ復帰

円谷研究所の移転

いろいろ不運が重なった英二だが、それでも映画の仕事を続けるしかなかった。一九五〇年には戦没学生の手記から着想を得た作品、「きけ　わだつみの声」にも協力する。この時代、大戦の反省から反戦的な主張を持つ作品が作られたが、激しい戦闘シーンはなくても、戦場の場面など英二の腕を頼る部分もあり、その製作で糊口をしのぐ生活が続いた。しかし仕事を依頼する映画会社の多くは独立プロで、彼らも経済的には安定していない。たいした収入にはならなかった。

そんなとき、古巣の東宝からも話があった。長くストライキで映画製作が滞っていた東宝も、この頃には組合とも良好な関係が成立し、作品製作が順調になっていた。古くからの映画仲間である稲垣浩の「佐々木小次郎」に協力したが、同作品は続編とともに一九五〇～五一年に連なるヒット作となった。稲垣作品では一九五一年の「海賊船」にも参加している。こんな縁もあり、この頃から円谷研究所も英二の自宅ではなく、東宝敷地内に間借りすることになった。

一九五二年になると、東宝の依頼を受け、東宝映画のトップタイトルマークを考案し、撮影して納品した。現在まで続く放射状の七色に輝く東宝マークはこのときに作られた。

指定解除

一九五二年にはGHQによる占領が終結し、日本の主権が回復した、英二にも「追放指定解除」の連絡が入った。

「何を今さら……」と英二は思った。これまでも英二はずっと映画に関わってきたし、それに文句をつける者はいなかった。各社の特撮場面を担当したが、それらには、のちに語り継がれるような傑作も数多くある。しかし、映画界の扱いは厳しく、英二はただの「下請け」に甘んじていた。「指定解除」といわれても、何がどう変わるというのだ……。英二はどこにも所属せず、独立してやっていければいいとも思った。

日本の映画界も主権回復によって勢いを取り戻した。東宝から抜け出した新東宝は一九五三年に「戦艦大和」を発表し、最後の戦いを挑む世界最大の戦艦「大和」の凄絶、絶望的な戦いを描いた。

特撮はかつての英二の弟子・上村貞夫が担当した。その後、二・二六事件を題材にした「叛乱」（一九五四年）も発表し、この二作品の大ヒットを収めた。

東映は英二も協力した「ひめゆりの塔」（一九五三年）を発表した。沖縄戦の中で悲劇的な結末を迎える「ひめゆり学徒隊」を香川京子らが熱演し、この年の興行収益第一位を記録した。

独立プロも活躍した。広島市に投下された原爆の悲劇をなんとか映画にしようと広島市民らが立ち上がり、日教組からカンパを得て「ひろしま」（一九五三年）が製作された。原爆投下後のセットを美術の高山良策が担当し、広島出身の月丘夢路はノーギャラで出演した。各社が傑作、良作を次々と発表し、映画業界は大きな発展を遂げた。

日本経済も徐々に回復し、映画も発展している。英二はこの先何かが変わっていく予感を感じ取っていた。

東宝への復帰

この時期、英二は戦前の古巣、松竹でも作品を残している。

沖縄で奮闘した少年兵の悲壮な戦いを描く「沖縄健児隊」（一九五三年）だ。あまり評判とはならなかったが、この後に関わる「君の名は」（一九五三年）は大当たりで、ヒロインの岸恵子のストールの巻き方が女性の間で流行し、社会現象ともなった。大戦末期、東京をB-29の編隊が襲い、爆撃をかろうじて逃れた若い二人が再会を約束するというドラマだが、B-29の爆撃シーンを英二がかつての弟子・上村景司とともに撮影した。

松竹で仕事をしていた英二に、森岩雄が声をかけてきた。東宝で本格的戦争映画の企画が持ち上がり、「ハワイ・マレー沖海戦」の功労者である英二に白羽の矢が立ったのである。

本編の監督は誰だろうか？　戦時中、英二は「加藤隼戦闘隊」で監督の山本嘉次郎に特撮カットを大幅に切られた経験があり、東宝復帰に若干の抵抗があった。また同じようなことをされるのなら、あまり乗り気がしない。森もその点を理解していた。監督は本多猪四郎君に頼むつもりだという。

英二は本多を思い出した。彼は特撮に非常に理解があり、うまくやっていけると思われた。本格的戦争映画で重要なのは、本編と特撮が違和感なくかみ合うことだ。この起用には英二も心を動かされた。

英二が顔合わせに行くと、本多は一〇歳年上の英二に敬意を持って接した。本多は「加藤隼戦闘隊」の一件を横で見ており、自分はそんなことはすまいと考えていた。

森は英二の東宝復帰に関し、それなりに配慮して迎え入れた。砧撮影所を改装し、最新の撮影設備も充実させた。また、英二だけでなく、有川や富岡など円谷研究所の弟子たちも招き入れた。

作品は「太平洋の鷲」に決定した。東宝のオールスターが出演する大作である。森はこの作品で、アメリカ映画でよく活用される「ピクトリアルスケッチ」を採用するよう本多、英二らに促した。ピクトリアルスケッチとは、これから撮影する映像をあらかじめ図にして並べ、おおよその映像の流れをわかりやすく示す方法である。特撮映画のように、本編と特撮を別々に撮影する作品には大変有効であり、本多、英二はこれによって違和感なく映像を撮影することができた。

「太平洋の鷲」

「太平洋の鷲」は、連合艦隊司令長官・山本五十六を主人公とし、まさに太平洋戦争の対局を大胆に描く、スケールの大きな作品となった。世界情勢が緊張する中、山本五十六は平和主義を唱えて右翼から命を狙われる。しかし軍部や国民は戦争を支持し、開戦やむなきとなり、山本は一気に真珠湾を叩き、講和へ持ち込もうとするが、初戦の華々しい戦果に舞い上がった軍部と大衆はなおも戦闘続行を希望する。アメリカは一九四二年（昭和一七年）四月、日本を初空襲し、対する山本はミッドウェイ攻略の大勝負に賭けるも敗退して、最後は搭乗機が撃墜され、ブーゲンビルの露と消える。

本多監督の真価は序盤部分に顕著に見られる。開戦に向かう日本の情勢を丁寧に描き出し、日本がなぜ戦争へと向かったか、非常に詳細に表現している。真珠湾攻撃などは「ハワイ・マレー沖海戦」や米軍から借用したフィルムなどで間に合わせ、「加藤隼戦闘隊」、「雷撃隊出撃」などの特撮シーンを使い回し、初めて映像化するミッドウェイ海戦で、山本の乗った一式陸攻機が撃墜されるシーンなどは新たに撮影した。

当時の批評はスペクタクルシーンに集中した。本多監督は山本五十六を中心に、日本が戦争へと向かう局面を非常に詳細に説明しているが、観客が最も興奮するのは、戦闘シーンだった。多くの人々は日本軍の活躍を見るため映画館に集まるのであり、それは戦意高揚作品が作られた戦時中と同じだったのだ。

しかし、本多監督は戦時下の現実を客観的に演出しており、俳優たちもそれに応えた。太平洋戦争の実情を、多くの国民は知らなかった。この作品で初めて山本司令長官が戦争に反対していたのを知った人も多かった。海の情景に始まり、ラストシーンが海で終わる点も、戦争のむなしさをよく表現し、これは「ゴジラ」にも引き継がれた。戦争映画の多くはアクションシーンを満載した作品か、戦争犯罪者への批判を繰り広げる反戦ものかに二分されるが、同作品はあくまで客観的に戦争に至った現実を表現していた。

大作「太平洋の鷲」は戦争で親兄弟を失った人々の涙を誘い、大ヒットとなった。本多、英二のコンビはこれに続いて「さらばラバウル」(一九五四年)も製作したが、これもなかなかの佳作となった。

決死の撮影

この作品の特撮部分でクライマックスとなる、空母・赤城に味方が魚雷を命中させ自沈させるシーンは海岸で行われ、スタッフは沖合まで出て行って撮影した。

海の上、しかも火薬を使用する危険な撮影である。撮影開始の際、有川らは東宝の役員に呼ばれた。万が一のため、生命保険に入ってもらうという。

スタッフは三隻の小型漁船に分乗した。有川は英二とは別の船に乗り、どんどん沖へ出て行った。浜辺が遠くなっていく。

やがて撮影が始まった。英二の合図で有川がカメラを回す。すると、小型の漁船ほどに作られた空母・赤城が仕掛けた爆薬によって爆発した。大きな爆音と水しぶきが上がり、有川は震え上がった。かなり難しい撮影だった。ここがクライマックスだ。このシーンがないと映画がまとまらない。

「ようし、カット！」

英二が叫ぶ。撮影は成功だ。英二の合図で一同は海岸に戻った。

ようやく陸に降り立った有川は興奮が収まらない。

「円谷さん、これが特撮なんですね！」

有川は身震いしながら英二の手を握った。初めて大仕事を成し遂げた満足感を全身に感じた。有川にとって、忘れられない一日になった。

七「ゴジラ」、撮影始まる

怪獣映画の企画

一九五三年（昭和二八年）、アメリカで「The Beast from 20,000 Fathoms」という映画が上映された。海から巨大古代恐竜がニューヨークに上陸し大混乱に陥るが、怪物は放射能を帯び、攻撃すると流れ出た血液から汚染が広がる、という作品である。特撮を担当したのはレイ・ハリーハウゼン。恐竜は「キングコング」と同様にコマ撮りで撮影され、アメリカで大ヒットとなり、翌年日本でも「原子怪獣現わる」の邦題で上映された。

その少し後の一九五四年三月、ビキニ環礁で日本のマグロ漁船、第五福竜丸が水爆実験に遭遇し、死の灰を浴びた船長が亡くなる事件があった。当時の大きな社会問題となり、船と同名の映画も製作された。

この時期、アメリカでは「宇宙戦争（The War of the World）」、「放射能X（Them!）」など秀逸なSF映画が作られている。原水爆の開発競争により人類終末が近いという危機感を多くの人々が感じていたことがあり、それが映画にも反映されたのだった。

こうした情勢の中、東宝の田中友幸プロデューサーはある企画を思いついた。相次ぐ水爆実験により目覚めた太古の恐竜が日本に上陸し、大騒動を引き起こすというプロットである。この企画は「海底二万哩から来た大怪獣」の仮タイトルで企画会議に提出された。日本初の本格的怪獣映画だが、仮タイトルが示すとおり、「原子怪獣現わる」の日本版といった体裁だった。

製作会議では反対する幹部が多数を占めた。日本には過去にそのような作品はなく、完成できないだろう、と幹部は考えた。

だが、森岩雄だけは賛成した。企画の面白さとともに、森の頭の中には英二がいた。英二はかねてより「キングコング」のような空想科学映画を撮りたいと希望している。英二ならこの企画も実現できると考えたのである。

森の強い押しで企画は通り、作家・香山滋に原作が依頼された。作品名も最終的に「ゴジラ」と決定したが、当初は企画がほかに漏れないよう、「G作品」と呼ばれた。

現実に存在しない怪物が登場するとなれば、当然、特撮技術が必要であり、英二の出番となる。しかし、本編は誰が撮影するのか？　森岩雄はここで本多猪四郎を抜擢した。前年の「太平洋の鷲」で、本多監督は英二の特撮を非常によく理解し、バランスよく作品をまとめている。本多監督に話すと、作品の内容を熟慮し、最終的に引き受けることになった。

製作が発表されたのち、田中友幸、本多猪四郎、そして英二の三人は作品製作について相談した。田中は、「こんな映画は初めてだ。僕たちスタッフが迷いを持ちながら作ったんではいい作品にはならない。こんな動物が出てきたら、いったいどうなるんだろうという恐怖心は絶対に忘れずにいこう」と話した。本多は復員する際、広島を通ったときに感じた気持ち、原爆に対する憎しみを表現したいと語った。

英二は二人の強い情熱を受け止めた。この作品において、彼ら以上に英二の立場は重要だ。特撮が最大の見せ場となる映画であり、特殊技術の第一人者である自分が一番がんばらなければならない。「ようし、必ず素晴らしい作品を作り上げ、映画館に来た人々が忘れられないくらい驚かせてやる。自分の持つあらゆる技術をつぎ込んで、これ以上ないくらい、すごい映画にしてやる」。英二は今までにないくらい意気込んだ。苦しい日々から解放される千載一遇のチャンスだった。

ゴジラ登場

この映画では怪獣ゴジラが東京で大暴れし、街を火の海にする。ゴジラが通る道筋、倒すビルや有名建築物などを決めなければならない。スタッフはロケハンを行い、ビルの上で街を見渡し、「あの辺から燃やそう」、「あのビルを壊そう」などとあれこれ相談していると、不審者と勘違いされ、警察から職務質問をされることもあった。やがて本多は本編のA班、英二は特撮のB班に分かれ、それぞれで撮影が始まった。

主人公である怪獣ゴジラは、あれこれ工夫をして製作された。最初のデザイナーは、原爆との関連があるとのことで、頭部をキノコ雲に似せた珍妙なデザインを提出してきたが、最終的には美術の渡辺明がデザインし、利光貞三が粘土の造形を作成した。古代の恐竜をベースに、ごつごつとした皮膚、異様に大きな背びれといった独特のフォルムが生まれた。

当初、ゴジラはアメリカの同様な映画にならい、コマ撮りでの撮影が検討されたが、あまりにも製作時間が短く不可能だったため、中に人が入って演技する「着ぐるみ方式」が採用され、ゴジラの着ぐるみが発注された。

この頃は、あまりいい材質がなく、作る方も前例がない。一か月を要し、ようやく完成した最初のゴジラはリヤカーに乗せられ、スタジオに運ばれてきた。

「これがゴジラか」、特撮スタッフは驚いた。それまでどんな姿なのか誰も知らなかった。重さが一〇〇キロ以上あった。はたしてこれが動かせるのか？

着ぐるみに入る俳優は二人いた。手塚勝巳、中島春雄である。二人とも体格のよさと体力を買われて選ばれていた。まずは手塚勝巳がチャレンジし、着ぐるみの中に入って歩き出そうとしたが、ほとんど動かない。バタッと倒れ、動けなくなった。手塚は呆れた顔で着ぐるみから出てきた。

次に、「太平洋の鷲」で火だるまになるパイロットを演じた中島春雄が着ぐるみに入った。

「春ちゃん、ちょっと口に手を当ててみて」

有川が注文する。中島ゴジラは手を動かしてみたが、手が届いたのは首。どっと笑いが起こった。

「笑うな！」

英二が怒鳴った。笑いごとではない。ゴジラは重い足をゆっくりと前に出し、歩き出した。一歩、二歩、……約一〇メートルほどで、力尽きてバタリと前のめりに倒れた。

「これじゃ全然ダメだ。次のゴジラは、もっと軽く、動きやすくしてくれ」

英二はすぐ注文を出した。本当に撮影は間に合うのだろうか？　英二ですら心配を隠せなかった。そんな中、ゴジラに入った中島は奮闘した。着ぐるみから出てきて、フラフラの状態だったが、笑顔を見せた。スタジオが明るくなり、スタッフの暗いムードを吹き飛ばした。

この後に作られた「二代目ゴジラ」は、なんとか動かせるレベルには達していた。初代ゴジラは上部と下部に切り取られ、部分撮影に利用された。中島は動物園に行き、動物の動きを参考にして演技した。その実直な努力には英二も感心した。

まだ日本では誰も作っていない映画の完成に向け、スタッフの苦闘は続いた。

苦心の撮影

特殊撮影は、準備に非常に時間がかかり、ミニチュアのセットを組むだけでかなりの時間を要する。実際の撮影も夜になってから始まる場合が多く、「ゴジラは五時だ」などといったジョークが飛ばされた。作業は徹夜の連続で、スタッフは撮影所近くの幼稚園を改装した宿舎に泊まり、そこから通って仕事を続けた。

スタッフといっても英二以外は有川、富岡ら数名しかおらず、あとは美術大学などの学生アルバイトを起用していた。学生らは器用に二五分の一サイズのミニチュアを作成し、英二の期待に応えた。ゴジラに壊される街並みや国会議事堂、デパートの松坂屋、和光の時計台なども精巧に作られた。

しかし、英二も他のスタッフも、このような映画を撮るのは初めてで、慣れない作業に現場は戸惑い、ミスも多発した。

ゴジラが街の建物を破壊する場面は特に失敗が多かった。国会議事堂の場面では、ゴジラが転んでしまい、議事堂が作り直しになった。建物をゴジラが倒すシーンも、英二の合図でビルにかけたワイヤーをバイトが一斉に引っ張り壊す手はずだったが、ゴジラが到達する以前に建物が壊れ、そのたびに美術や造形の担当者らは最初から作り直した。

予定されていた日数は押し、このままでは間に合わないとなると、ますます残業が多くなる。

反面、予想外にうまくいくこともあった。前年の日教組プロによる映画「ひろしま」で、原爆が投下された広島市の惨状を描いた高山良策は、そのイメージでゴジラが東京を蹂躙した後の状況を作成し、効果的な映像が生まれた。また、当時は保安隊が自衛隊になったばかりの頃で、PRもかねて全面協力が得られた。ゴジラを迎え撃つ戦車、大砲なども一部実写が使用できるようになった。

あるとき、特殊撮影の現場に本編の本多監督が訪ねてきた。進行状況の確認が目的だったが、本多は三重県の志摩で撮影を続けていた。本多が英二に調子はどうかと聞くと、英二は順調だと答えた。

実際は「順調」といえる状況ではなかった。予定よりかなり遅れていた。しかし、本編の責任者に心配をかけたくない。英二は見栄を張った。ふと本多の両腕を見ると、火ぶくれができている。理由を聞くと、野外での撮影が続いたからだという。本多は笑っていたが、本編も苦労をしていた。ゴジラが出てきたといっても、どんなものか誰も知らない。「ただ上を見て、驚いてくれ」といわれても、どう演技していいかわからない。当時は、「怪獣」が何かわかっている人はいなかった。ゴジラ出現で逃げ惑う人々の場面でも、エキストラが笑って逃げたりしていた。

お互い苦労を抱えていたが、また意地もぶつかり合っていた。

本多はミニチュアのビルを見て、これはどのように壊れるのかと質問した。その場の美術スタッフが、それはやってみないとわからないと答えたところ、途端に英二が血相を変えてやってきた。

「何いってるんだ、どこがどう壊れるかはちゃんと計算している！　本多さんに謝れ！」

英二のあまりの興奮ぶりに、スタジオは騒然となった。英二は本多に、適当にやっているとは思われたくなかった。英二の真剣さには本多も驚いた。「かなり気合いが入っているな」。本多と英二は信頼し合う映画の仲間であり、お互いに負けじと競い合うライバルでもあった。

興奮するスタッフ

撮影は相変わらず遅れ気味だった。予定通りに進まない英二は、タバコを何本も吸ってイライラを紛らわせた。

撮影遅延の大きな要因は、英二の完璧主義だった。映像が思いどおりにいかないと、何度でもやり直しを命じた。あまりに厳しい英二の要求に、スタッフも次第に疲労が蓄積してきた。

英二の指示に従い、いろいろやっているが、最終的にどんな映像になっているのかわからない。そのわからない仕事を毎晩徹夜でやっている。こんな状況ではスタッフの気がめいるのも当然だ。

この頃の東宝は、数々の名作を発表していた。黒澤明監督の「七人の侍」、「生きる」、稲垣浩監督の「宮本武蔵」など、いずれも傑作揃いだ。そんな名だたる監督の下についたスタッフからは、「ゴジラ」担当者たちは、わけのわからないことをしている奇妙な連中にしか見えなかった。特撮スタッフは撮影所の中で、明らかに蔑まれていると感じていた。「ゴジラ」撮影中も、ほかの監督が一番いいスタジオを使用して撮影している。

「うらやましい」、思わずそんな声が漏れた。スタッフの疲労がピークに達したのを感じた英二は一計を案じた。それまで撮影した映像を集め、特撮班だけの試写を行ったのだ。スタッフは試写室に集められ、英二は自ら映写機を回し、音のない、映像だけの試写が始まった。

そこに映っていたのは、暴れ回るゴジラだった。ここにいるみんなが関わった映像である。「俺たちは、こんな場面を作っていたのか」

巨大怪獣は東京を蹂躙していた。スタッフはまるで観客のように大騒ぎとなり、大歓声を送った。

「あのビルは、オレが作ったんだ」

「見てみろ、本物そっくりだ」

それぞれが自分の仕事の成果を感じた。涙を流す者もいた。

大騒ぎするスタッフの中で英二だけが冷静だった。英二にとっては、当然の映像であり、これで満足するわけにはいかない。本当の勝負はこれからだ。

撮影は納期ギリギリまでかかったが、その後本編部分との編集作業を進め、一〇月中旬に、ようやく完成にこぎ着けた。

八　特撮の勝利

完成した「ゴジラ」

日本初の本格的怪獣映画にして現在でも最高傑作といわれる「ゴジラ」は、以下のようなドラマである。

小笠原諸島近海で船舶の遭難が相次いだ。この海域の大戸島では島の伝説により、怪物ゴジラの仕業ではないかと噂が流れる。嵐の夜、この島に巨大なゴジラが上陸し、島は壊滅的な打撃を受ける。

大戸島に調査団が派遣され、古生物学者の山根博士はそこでゴジラと遭遇する。博士はゴジラを相次ぐ水爆実験で現代に呼び覚まされたジュラ紀の生物と国会で発表する。

政府はフリゲート艦による爆雷攻撃を実施するがゴジラには効かず、品川沖から上陸し、列車を破壊するなど被害を与える。山根博士は古生物学者の立場から、「放射能を浴びてなお生きるゴジラの生命力になぜ学ぼうとしないのか」とゴジラの殺傷に反対する。

政府はゴジラ来襲に備え、海岸線に鉄塔を設置して五万ボルトの電流を流し、抹殺しようとするが、再上陸したゴジラには効果なく、口から放射能火炎を吐いて大暴れする。戦車も戦闘機も太刀打ちできず、東京は壊滅的な打撃を受ける。

多くの人命が失われた悲劇に決心した山根博士の娘・恵美子は、恋人・尾形とともにかつて許嫁だった芹沢博士を訪れる。芹沢は水爆をも超える恐るべき薬品、オキシジェン・デストロイヤーを偶然開発し、恵美子だけにそれを知らせていた。恵美子と尾形はオキシジェン・デストロイヤーによるゴジラ抹殺を懇願したが、この秘密が知られれば世界の破滅になると芹沢は拒否する。しかし、ラジオから女生徒たちの鎮魂歌が流れ、これ以上の犠牲者を出すまいと、遂に尾形は使用を決意するが……。

水爆実験で呼び覚まされた大昔の恐竜が放射能を帯びて暴れる、という点では「原子怪獣現わる」とまったく同じだが、人間ドラマが独自の展開を見せ、戦争の悲劇を想起させて、反戦や文明批判の主張も盛り込まれている。本多監督は、「太平洋の鷲」で描き出した大局に翻弄される人間の空しさ、儚さを「ゴジラ」でも見事に表現し、英二は映画界で養った技術をすべてつぎ込んだ。その必死の努力が、この傑作を生み出したのだろう。

人件費・外注費などの経費は膨大にふくれあがり、当時、通常の映画が二〇〇〇万円程度で製作されていたのに対し、「ゴジラ」は七〇〇〇万円にものぼった。だが、田中プロデューサーはこれに目をつぶり、上層部を説得して、英二の力を存分に発揮させた。三人の誓いは結実した。

試写会での衝撃

一〇月二五日、東宝の幹部や出演者、スタッフを集めて完成試写会が行われた。この日は神式の「祭り」まで行われ、出演した平田昭彦が宮司、河内桃子が巫女となって話題をふりまいた。

いよいよ試写が行われる。特撮映画は本編と特撮とが別々に撮影を行い、のちに編集されるため、俳優たちも本編スタッフも、どんな映画になるかはまったく知らなかった。

ドーン、ドーンという重々しい足音とともに映画が始まる。続いてゴジラの咆吼《ほうこう》が響く。出演者やスタッフが紹介され、ドラマが始まると、船舶の遭難が続く。大戸島が襲われる場面では、ゴジラ本体がほとんど見えない。どんな怪物なのか、見る人はじらされる。

大戸島調査隊が山の斜面を登っていくと向こう側から遂にゴジラが上半身をのぞかせる。「おおっ！」この場面で会場から大きなどよめきが起こった。出演者はゴジラの大きさについて、まったく聞かされていなかった。

東京に上陸したゴジラが大暴れするシーンは、日本映画界では見たことがない迫力で、海外でも、これほどダイナミックな映像はなかった。全長五〇メートルの怪獣を出現させた特撮は何もかもスケールが違った。

これほどのスペクタクルが味わえる上に、人間ドラマもしっかり描かれている。やがてゴジラは芹沢博士とともに海中に没し、はるかな海が画面に広がる中、映画は終了する。

ラストに「終」の文字が出ると、場内が総立ちになり、拍手とともに大歓声が起こった。すごい！　試写会に参加した人々のほとんどが英二を見つめていた。その目はみな、驚きに満ちている。

そのうち、感極まった誰かの発声で万歳三唱まで始まった。

田中、本多、英二の三人は喜びを分かち合い、健闘をたたえ合った。

それを遠巻きに見ている人物がいた、森岩雄である。「見事期待に応えてくれたな……」。この映画は、必ず大ヒットするだろう、森は英二の奮闘に感謝した。

「ゴジラ」大ヒット！

一一月三日、文化の日にゴジラは正式公開された。東宝では大ヒットを見込み、宣伝にも異例の費用をつぎ込んでいた。大きな看板や宣伝用のゴジラの人形なども作られた。

封切り当日、田中プロデューサーは封切館の一つである渋谷東宝に赴いた。駅を降りると、すぐに目の前に長い列が延々と続いていて、それは道玄坂まで伸びていた。「ゴジラ」を見に来た観客の列だ。初めて見る光景だった。だが、喜んでばかりはいられない。これでは劇場が大変だ。田中は急いで駆けつけ、入り口で切符もぎを手伝った。結局、客が映画館に入るまでに二時間もかかった。

観客は大戸島のゴジラ出現シーンでどよめきを起こした。ゴジラが東京で暴れるシーンも、観客を十分に堪能させた。決して子ども騙しではない、力の入った特殊撮影は、見ている人を驚かせ、満足させた。

同日にゴジラを封切ったすべての映画館で観客は満杯になった。封切り日は都内の映画館だけで一四万人もの観客動員があった。見た人たちが話を伝え、噂が噂を呼び、また客が増えた。

東京だけでなく、全国の映画館がどこも満杯となった。当時、映画館はどの街にもあったが、封切り日に上映する一番館はあまり多くはなかった。特に地方では新作が封切りから数か月たってやって来るのが当たり前だったが、そういう地方でも「ゴジラ」はずっと人気を保ち、上映されれば映画館は満杯になった。

「ゴジラ」、空前の大ヒットは、東宝を一気に蘇らせた。この映画の成功は、東宝に「特撮」という大きな武器が備わったことも意味していた。以降、特撮は怪獣映画というジャンルに限らず、映画の表現を大きく広げ、東宝躍進の大きな要因となる。

英二の喜び

英二にとっても「ゴジラ」の意義は大きかった。

日本映画界初期より、映画技術の進歩に尽力した英二だが、特殊技術という分野は縁の下の力持ち的存在で、あまり一般に知られることはなかった。「ハワイ・マレー沖海戦」のような戦争映画は現実に起こった歴史的事実の再現であり、観客はそれを特撮として楽しむことはなかった。映画を見た人は、海軍のめざましい戦果に興奮したのであり、画期的な映像技術を評価するのはごくわずかな映画人だけだった。

映画を見に来る観客は、現実にゴジラという巨大な怪物がいると信じているわけではない。ここで初めて「特撮」が評価される。こんなすごい映画を作ったのは誰か、という話になり、初めて多くの人々が英二の技術を知ったのである。翌年、英二は「ゴジラ」の特撮が評価され、日本映画技術賞を獲得した。

英二は自分の努力が認められたことに興奮を隠せなかった。英二の映画人生は茨の道だった。しかし、苦しい中でも英二は常に技術の前進を心がけてきた。すばらしい映像を作り出すため、必死の努力を重ねてきた。「ゴジラ」は、それを一般の観客にも認めさせた初めての作品となった。

有川は英二に誘われ、「ゴジラ」を上映する劇場に赴いた。映画が始まって二一分過ぎ、大戸島の山の向こうから、ぬうっとゴジラが顔を出す。「おおっ！」観客が大きくどよめく。有川が英二の方を向くと、英二は頬を緩め、ウン、ウンとうなずいている。観客の驚きを、本当によかったと思っているようだ。

この頃、須賀川から姪の円谷イヨ子が上京し、理容学校に通うため英二の家に下宿していた。英二はイヨ子も映画館へ連れて行き、やはり同じ場面でウン、ウンとうなずいた。

九　「ゴジラ」の余波

「ゴジラ」、海外でもヒット

「ゴジラ」は思わぬ余波を生んだ。日本での大ヒットを受け、アメリカのバイヤーが「ゴジラ」のフィルムを買い、これをアメリカ流にアレンジして俳優の演技を付け足して上映したところ、あっという間に大ヒットとなった。上映館は全米中に広がり、ブロードウェイで上映されるまでに至った。

大ヒットの理由は、いうまでもなく特撮場面の見事さにある。日本流の着ぐるみによる撮影は重量感にあふれ、緻密に作られたミニチュアセットも日本人の器用さをうまく活用した成果である。

戦後、日本の映画は海外の映画祭で次々と受賞作をだしていた。一九五一年（昭和二六年）、黒澤明監督の「羅生門」がイタリアのベネチア国際映画祭でグランプリを受賞し、翌年には溝口健二監督の「西鶴一代女」が同国際賞受賞、カンヌ映画祭では「源氏物語」でカメラマンの杉山公平が撮影賞受賞、一九五四年にはカンヌ映画祭で衣笠貞之助監督の「地獄門」がグランプリを受賞した。このような一連の作品は芸術映画と呼ばれたが、当時はグランプリを受賞しても大きなヒットにはつながらず、海外でもごく一部の映画通に見られる程度だった。

だが、「ゴジラ」は違った。「ゴジラ」は海外でも大衆が支持した。日本製の巨大なモンスターを見に、観客が映画館に殺到した。日本と同じように、民衆の心をとらえたのだ。

「ゴジラ、海外でもヒット」のニュースを一番喜んだのはほかならぬ英二だった。

英二は映画人生最初の師匠・枝正義郎の言葉を思い出していた。

「円谷君……いつか日本映画でも、海外の映画に負けない立派な作品を作りたいと思っているんだ。今はチャンバラ映画ばかり作っているけど、将来は、必ず、海外でも通用する活動写真を作ってみせるよ！」

英二は、枝正の教えを忠実に守った。いつも海外の映画を研究し、技術を磨き、いつかはその水準に追いつき、外国の人々を驚かせる作品作りを夢見ていた。「ゴジラ」は、まさに夢そのものだった。

英二の心に師匠が蘇ってきた。残念ながら枝正は一〇年前に亡くなっていた。いろいろな思い出が脳裏をよぎったが、報いられた努力を思い、一人感涙にむせんだ。

「ゴジラ」の評価

興行的には大ヒットを記録した「ゴジラ」だが、作品はドラマ部分に厳しい批評が多かった。『キネマ旬報』(一九五四年一二月)はこんな批評を載せた。

「(前略)この特殊技術は日本映画には珍しくよくやった、と誉めたくなる。しかし、残念なのは、このせっかくの努力が、映画として充分に実を結んでいないことである。つまり、空想恐怖映画としての作り方が良くないのである。(中略)この怪獣が暴れ回っているぶんにはこの種の作品としては結構楽しめるのであるが、困ったことに脚本家と監督者はいとも現実的なみみっちい場面を盛り込み、小市民映画みたいなぼそぼそした演出を延々とはさみ、なんだか深刻な理屈まで加えて普通の劇映画も及ばぬくらい人物を煩悩させる。そのため全体がひどくちぐはぐになり、空想を空想として楽しめず、うす暗い嫌な後味が残る。もちろんこの怪獣によって水爆時代に対するレジスタンスを試みようという意図があったに違いない。が、それはいささか欲張りすぎだし失敗である。お客様は怪獣が東京を暴れ回るのが見たくてやってくる(後略)」

読売新聞は「みものは特殊撮影だけ」の見出しでこんな文章を載せた。

「一昔前のキングコングなみの怪獣映画で、一応、『放射能X』同様に話の裏付けを科学的に持ってゆくため水爆実験がからむ。南太平洋の海底深く今なお生息していると伝えられている二百万年前の怪獣が、水爆実験でその住まいを破壊されて登場、東京の中心部を襲うという話である。狙いは怪獣の大暴れで、身の丈五〇メートルという巨大なゴジラが、恐るべき怪力と、身につけた放射能のエネルギーで、銀座を焼き払い、議事堂を壊し、テレビ塔をひとたたきで倒すシーンが見せ場である。

特殊撮影の技術はまずまず合格点。アメリカ映画の技術とさして劣らぬ出来である。戦後日本映画の特殊撮影の技術がここまで復活、発達した隠れた努力はたたえたい。

（中略）映画は、ゴジラ大作の人間側でいろいろ芝居を盛り込むが、この処理が全くつたない。荒唐無稽のものにせず、科学的な面をみせようという手段も実に不手際。特殊撮影だけがミソの珍品である」

当時の映画評は英二の特撮は高く評価され、本多監督の担当したドラマ部分に厳しかった。

この理由として、当時は特殊撮影によるスペクタクルに庶民が飢えていたことがあるだろう。進駐軍駐留時期は映画表現が限られていた。日本映画を支えたチャンバラ映画は厳しく制限されていた。そんな時期が長かったため、町を破壊する巨大生物の大暴れを庶民は歓迎した。荒れ狂うゴジラに関心が高かった分、人間ドラマはそれを阻害するものと見えた。数々の有名建造物破壊シーンを初めて目にした観客は驚き、興奮し、当時の政府に不満があった人々は、国会議事堂の破壊シーンに歓声を上げた。

だが、本編はのちに高く評価された。本多監督の情熱を傾けたシーンは時代が早すぎた。英二も

「怪獣そのもの、特撮そのものは自分に任せておけ、それに命を吹き込むのは本編だ」と語っている。本多監督を信頼していればこそ、そんな話も出たのである。

本多、続編を拒否

「ゴジラ」封切りからわずか一〇日後、森岩雄は本多監督を自宅に呼んだ。そこには、田中友幸、英二がいた。

早くも「ゴジラ」続編を出そうという相談だった。東京の街を破壊し尽くしたゴジラが、今度は大阪に乗り込み、新怪獣と対決する。英二は乗り気満々で、もう次のアイディアが頭の中にたくさん浮かんでいた。

ところが、本多はあまり乗り気ではなかった。「一週間ほど考えさせてください」といい、首を縦に振らなかった。その後、本多から断りの連絡があった。「ゴジラ」は戦争の重さ、息苦しさを引きずった作品である。ヒットしたから、今度は大阪で……という安直な案に本多は乗れなかった。

ゴジラの続編、「ゴジラの逆襲」(一九五五年)は別の監督で撮られた。東京で仕留められたのと別のゴジラが大阪に上陸し、それを追いかけてきた新怪獣アンギラスとの死闘が繰り広げられる。「ゴジラ」成功により特撮にも大きな予算が組まれ、特撮シーンはむしろ増えた。両怪獣の対決をダイナミックに映像化したが、前作のような独得のムードはなく、本編と特撮が前作ほどかみ合わず、ちぐはぐな印象のある作品となった。日本映画初の大怪獣対決も、巨大な生物どうしが相手の首を嚙み切ろうとする殺伐とした闘いになり、やや無理があった。音楽も伊福部が担当せず、前作とはかなり違う印象になった。

映画自体は空前のゴジラ・ブームに乗り、前作同様ヒットしたが、英二もこれには考えさせられた。

一〇歳年下の本多は英二を立て、本編と特撮がうまくかみ合うよう努力した。そんな監督は多くはいなかった、英二は、以降の怪獣、ＳＦ映画では、本多と組むことが多くなった。

ともあれ、英二は「ゴジラ」で遂に認められ、特撮の巨匠、名人として知られるようになった。「ゴジラの逆襲」からは、かねてからの希望だったテクニカル・ディレクター、すなわち「特技監督」として作品にクレジットされるようになった。自宅から撮影所まで自転車で通っていたのが、お抱え運転手付きの車があてがわれた。成功者となった英二は、ここから数々の特撮作品を世に送り出していく。

第4部 永遠の夢

「ウルトラマン」の撮影時（©円谷プロダクション）

一　特撮映画大進撃

東宝のドル箱

特殊撮影、特撮は東宝のお家芸となり、その中心人物の英二は欠かせない存在となった。東宝上層部は英二の特撮を生かせる題材の作品を次々企画していく。「ゴジラの逆襲」の後は、当時話題となったヒマラヤの雪男を題材にし、日本に雪男が登場する「獣人雪男」（一九五五年）が発表される。

一九五六年（昭和三一年）に入ると、香港のショウ・ブラザーズとの合作、「白夫人《びゃくふじん》の妖恋」が企画される。「白蛇伝」に題材をとった古代中国の恋愛劇だが、特撮スタッフは中国・西湖の素晴らしいセットを作り、他のスタッフはみな目を見張った。この作品には洪水や、竜の登場などの特撮シーンがあるが、英二にとって初めてのカラー作品となった。当時のカラーフィルムはＡＳＡ32程度で感度が悪く、ライトの熱による猛烈な暑さの中での撮影が敢行された。新しい分野に挑むのも、英二に課せられた重要な仕事だった。

こののちは傑作として名高い「空の大怪獣ラドン」（一九五六年）に取り組むが、こちらも初のカラー怪獣映画となった。

北九州を舞台に、炭鉱で起こる殺人事件に始まり、古代の巨大幼虫メガヌロンと、それを捕食する巨大怪鳥ラドンの騒動を描いた作品だ。きわめてシンプルなストーリーだが、マッハのスピードで飛ぶラドンとそれを追うF86Fセイバーとの空中戦、博多の街に降り立ったラドンとの攻防戦など、実にスピーディーに展開し、特撮の見どころ満載である。

本多監督ならではの作風で、自分は一歩引き、特撮を主役にして本編がそれを支える脇役に徹している。それでいて、場面展開がスムーズで説得力があり、本編と特撮場面が自然に流れてゆく。ラストでは、巨大さゆえに現代に行き場所がなく、人類に滅ぼされるラドン二匹の哀れささえ感じさせるほどだ。

一九五七年になると、「地球防衛軍」が発表される。この映画は当時の学説から着想を得たもので、火星と木星の間にある小惑星群が実は以前一つの星だったが、核戦争で星ごと破壊され、難を逃れた宇宙人ミステリアンが地球に植民を狙うという物語だ。こちらもラドン同様にシンプルだが、SF画家・小松崎茂のデザインによるゴツゴツして物々しい未来兵器が次々と登場し、それらが特撮によって映像化された作品は、センス・オブ・ワンダーにあふれている。地球の危機に各国が団結、力を合わせて宇宙人と闘うが、両者がこれまで見たこともない新兵器で闘う場面こそ、SF映画の醍醐味である。

「空の大怪獣ラドン」、「地球防衛軍」の二作は、英二が最も実力を発揮した傑作といえるだろう。この時期には英二を中心とした特殊技術課の特撮が確立し、撮影にも比較的余裕を持って望める環境があった。東宝上層部が彼らの意義を認めたからである。そして、英二の魅力を引き立たせた最大の功労者は間違いなく本多猪四郎である。特撮場面と本編を見事に融合させ、映像として違和感なく見られるよう努力を怠らなかった。

これら特撮映画は、国内で大人気となったばかりか、「ゴジラ」ヒットで海外でも評判を呼び、海外バイヤーが購入を競い合って高く売れた。国内で稼ぎ、海外でも稼ぐ特撮映画は、まさに「東宝のドル箱」となった。

特撮・怪獣大行進

その後も本多・英二コンビの特撮映画攻勢は続いた。

一九五八年公開の「美女と液体人間」は、水素爆弾の影響で液状化した人間が東京を襲うドラマで、液体となって動く不気味な怪物を液化ガラスによって表現し、サスペンスを盛り上げた。同年の「大怪獣バラン」は、もともとアメリカのテレビ番組用に企画されたシンプルな怪獣映画だったが、日本映画界の取り決めである六社協定によりテレビ放映が禁止となったため、急遽普通の映画として製作された。東北の山奥で信仰される神の正体が実は怪獣だったという筋立てだ。一九五九年の「宇宙大戦争」は宇宙人による地球侵略映画で、「地球防衛軍」同様、人類が協力して侵略者を迎え撃ち、壮絶な攻防戦が繰り広げられる。巨大円盤が都市を無重力状態にして攻撃するシーンなどが注目された。一九六〇年の「ガス人間第一号」は、変身人間シリーズの最高傑作といわれる。科学者によって体を自由にガス化できる能力を授けられた青年が、踊りの家元に恋し、彼女のため銀行強盗を繰り返す。こうして、今までとても実現できそうになかった、新しい発想の作品が次々と作られていった。

英二はどんな企画でも断らず、誰も目にしたことのない場面を次々と映像化した。プロデューサーが「本当にできるだろうか」と思うような企画でも、必ず「できるよ！」と返事した。そうといいながら、実はどうやって映像化するか見当がついているわけではなかった。円谷特撮には一定のパターンはなく、作品によってそのつどアイディアを形にしていった。

特撮映画は海外でも人気を博し、特に、「ガス人間第一号」は大ヒットした。奇想天外なアイディアが海外の人々を驚かせた。英二も期待に応え、八面六臂《はちめんろっぴ》の活躍をした。この時期には本多監督以外の監督が本編を担当することもあった。一九五九年の「孫悟空」では、久々の題材を昔と同じ山本嘉次郎監督が担当したが、往年のヒット作に及ぶべくもなかった。同年の「日本誕生」(稲垣浩監督）は東宝映画一〇〇〇本記念作品として製作された三時間に及ぶ大作であり、翌年の「電送人間」は若大将シリーズで知られる福田純監督が担当したが、本多監督ほどの感銘は得られない。

もちろん、それぞれの作品に秀逸な特撮場面は存在する。特に、「日本誕生」では素戔嗚尊《スサノオノミコト》と八岐大蛇《ヤマタノオロチ》の対決場面が見事だった。それでも、本編と特撮が違和感なくマッチする本多監督の演出には及ばない。本多監督の作品は合成場面が特に多かった。本編と特撮がいつも綿密に打ち合わせを行うため、合成場面が多く実現でき、特撮場面が自然に見える力となったのである。

スタッフによれば、「本多監督とオヤジ（英二）はいつも一緒にいた。二人とも東北なので、東北弁でしゃべっていた」という。本多は山形、英二は福島で、実際には方言はかなり違うため、互いに方言で話すとは思えないが、それほど二人は親しく見えた。おそらく本多が、どちらかといえば気難しい英二を年上の映画人として尊敬し、立てていたからうまくやれたのだろう。現実には一〇歳年下の本多が「大人」だったのである。

本多猪四郎という最高のパートナーとともにヒット作を次々と発表したこの時期は、英二の映画人生の黄金時代といえるだろう。

自衛隊の立場

巨大怪獣が登場すると、それを迎え撃つのはいつでも「自衛隊」の役目である。最初の「ゴジラ」でも、現実に自衛隊で使用していたM4シャーマン戦車、F86Fセイバー戦闘機が怪獣を迎撃すべく活躍する。

ところが映画の中ではっきりと自衛隊であることを示さず、「防衛隊」などと曖昧な表現になっているものが多い。たとえば、「モスラ対ゴジラ」(一九六四年)ではゴジラ出現時に「警備隊の指示に従って非難してください」とアナウンスされている。

憲法九条第二項には「陸海空軍その他の戦力は、これを保持してはならない。国の交戦権は、これを認めない」とある。現実の世界では、自衛隊は憲法違反の存在か、そうではないのかが常に論議の対象だった。特撮映画は空想の世界を描く娯楽映画であり、それが合憲か違憲かなどという論議には巻き込まれたくなかったものと思われる。もし、現実に巨大生物が日本領土に出現し、住民に多大な被害を与える事態が発生すれば、自衛隊が出動、対処するほかはない。しかしそれが違法な存在であれば、話は難しくなる。そういった配慮から、自衛隊に関して、その存在をきちんと示さなかったのだろう。

これに対しては批判もあった。「怪獣と戦う自衛隊を扱う映画は、子どもたちに自衛隊への親しみを植え付けるものである」、「子どもたちは幼い頃から怪獣映画に慣れ親しみ、違憲の存在である自衛隊を容認する」といった主張もたびたび話題になった。事実、子どもたちは怪獣と闘い住民を守る自衛隊の活躍に喜び、その活躍に胸を躍らせた。しかし、自衛隊は怪獣に砲弾やミサイルを撃ち込んで攻撃するが、ほとんどの映画では自衛隊自ら怪獣を仕留めることはなく、自衛隊の兵器とは別の薬品とか、優秀な科学者、あるいは自然現象によって怪獣がやっつけられ、映画は終了する。英二による特撮映画は、むしろ自衛隊の無力さを宣伝しているようなものだと反論する人もいた。

世間がどんな評価を与えようとも、英二ら特撮スタッフは黙々と仕事に打ち込み、新しいアイディアで映画をますます盛り上げた。スクリーンには、架空の超兵器が次々と登場し、見る人の興味を駆り立てた。「ゴジラの逆襲」（一九五五年）では二四連装のロケット砲を搭載した車両が活躍し、「モスラ」（一九六一年）では原子熱戦砲がサナギのモスラを焼き払おうとする。「怪獣大戦争」（一九六五年）ではAサイクル光線車がX星人の電磁波を遮断し、「フランケンシュタインの怪獣　サンダ対ガイラ」（一九六六年）では、メーサー殺獣光線車がすさまじい迫力でガイラを追い詰める。メーサー殺獣光線のシーンは英二が現場で発案したもので、森に逃げるガイラを光線が追い、光線が木に当たると火花が散って次々なぎ倒される秀逸な映像が展開される。

「モスラ」の問題

ヒット作が次々発表される中、製作会議の席で田中プロデューサーは新企画を発表した。これまでにないほど予算がつき、製作期間も長い。映画は、「大怪獣モスラ」（のちに「モスラ」と改題）。今まで怪獣映画は主に男性客が中心だったが、今度は女性客を見込んで著名な作家に原案を任せる方針だという。おまけにぐっと豪華な俳優で固め、海外でも人気の怪獣映画だけに世界同時公開で封切られる予定だ。

特殊技術課の職員たちは一様に感激した。今や特殊技術課は東宝の花形で、ヒットを連発し、ついに世界同時公開の作品を世に送るまでになった。やがて配役が発表された。フランキー堺、上原謙、香川京子、それに妖精役として当時大人気の双子歌手ザ・ピーナッツまで起用される。今までの特撮シリーズを凌駕する俳優陣だ。

息上がるスタッフたちの中で、肝心の英二だけが一人浮かぬ顔をしている。怪獣ばかりでは、マンネリではないかと感じていた。せっかくの大作企画だが、あまり乗り気になれなかった。それでも一度決まれば素晴らしい映像を求めて邁進するのが英二だった。

南洋の孤島に生息するモスラは巨大な蛾の怪物で、島の守り神だ。悪人に誘拐された双子の妖精を取り戻すため、日本へやってくる。幼虫は東京タワーに絡みついて蛹を作り、やがて蛾となって飛翔する。ラストは九州で悪人が火山に落ち、モスラと妖精は島に帰る。

この作品の中に、日本に上陸したモスラ幼虫が、奥多摩の小河内《おごうち》ダムを破壊する場面がある。橋の中央に取り残された赤ん坊を新聞記者役のフランキー堺が必死で助けに行く。泣き叫ぶ赤ちゃん、迫る濁流、破壊される橋の上、間一髪で助かる赤ん坊！　本編と特撮が絶妙にかみ合った、手に汗握る名場面、本多・円谷コンビの真骨頂だ。

撮影は順調に進んでいたが、ロケ隊の宿泊先である霧島温泉郷の林田温泉に、突然田中プロデューサーがやって来た。田中はスタッフ全員を招集した。

実は、バイヤーであるアメリカの会社から、ラストシーンの変更を要望された。モスラが飛来する最後の場面を、外国の街にしなければならなくなったのである。

「じゃ、やり直しか?!」俳優やスタッフは呆れた。撮影はほぼ終わっていた。英二ら特撮班は、急遽、ニューヨークをイメージした外国の街並みを作ることになった。英二らは突貫工事でモスラが海外都市を破壊するシーンを撮った。

こんなトラブルを経つつも完成した「モスラ」は公開され、少数民族問題も扱い、世界中でヒットしたが、契約の問題などで世界同時公開とはならなかった。英二の心にわだかまりが残った。

「アメリカの連中に振り回されるのはいやだ。自分が撮りたい映画を作りたい」

このすぐ後、地球に猛烈な重力を持つ他の天体が衝突する危機を描く大作「妖星ゴラス」(一九六二年)が製作され、海外で最も売れた作品となったが、やはり取って付けたように怪獣が登場するストーリーに、英二はますます苛立ちを募らせた。


「キングコング対ゴジラ」


「アメリカに行って、キングコングの版権を得ました。東宝三〇周年記念作品は、キングコングとゴジラの闘いでいきましょう」

製作会議はどっと沸いた。「ゴジラ」が上映された頃から、「ゴジラとキングコングが闘ったらどちらが強いか?」という話は盛んに語られていた。田中プロデューサーはアメリカで交渉し、キングコングの版権を得た。これで「キングコング対ゴジラ」という作品が上映できることになった。

英二の「キングコング」好きは誰もが知るところで、その英二が憧れのキングコングを映像化し、自らが命を与えたゴジラと対決させるという企画である。特撮スタッフは「オヤジさん、よかったですね」と喜んだ。

しかし、英二は少しもうれしくはなかった。「また怪獣か……」。怪獣はマンネリだし、アメリカのようなコマ撮りはできない。そうなると着ぐるみでキングコングを作るしかない。リアルなものは表現できない。会社は次々新しい企画を押しつけてくるが、英二は自分が好きでもない企画を強要される日々にウンザリしていた。

この作品では特撮の撮影方針で英二と有川がめずらしくぶつかった。英二はゴジラとキングコングの対決を擬人的に、面白く描こうとした。しかし、リアルに見せる特撮をずっと手がけてきた有川らスタッフは、漫画チックな表現に抵抗があった。高い版権料を払い、苦労して得たキングコングを、ふざけたような映像にしては苦情が出るだろうというのが有川の言い分だった。

英二は、「まぁいいじゃないか」とそのまま続けた。爬虫類のゴジラと霊長類のキングコングが岩を投げ合ったり、取っ組み合いをしたり、背負い投げをしたり、おおよそ現実的でない闘いの撮影が繰り広げられた。初代「ゴジラ」以来、英二の信頼も厚い中島春雄がゴジラに入って熱演した。

英二は「ゴジラの逆襲」のときに気づいていた。着ぐるみで怪獣対決を撮影しても、決してリアルな闘いにはならない。それならいっそ両者の闘いをプロレス調に描いてみてはどうか。折しもこの時期は力道山のプロレスが大ブームを呼び、国民はレスラーたちのファイトに熱狂していた。あんな闘いを取り入れれば面白い映像が出来上がるに違いない。まして「キングコング対ゴジラ」は日米対決と見る向きも多い。題材としてまさにプロレスの「夢の対決」そのものだ。こうして撮影は進行した。

この作品でも英二は新しいアイディアを披露する。毎日新聞夕刊に、東宝三〇周年記念映画「キングコング対ゴジラ」へ向けた英二の抱負が記されている。

「この作品にはご存じの両怪獣のほかに、日本製怪獣映画にはかつて姿をみたことがない大海獣を登場させるつもりだ。しかし残念ながら、その正体はまだ明かすわけにはいかないが、いずれは公開できる日が来るだろう（後略）」

「大海獣」とは、大ダコのことだった。英二は、時代劇を撮っていた頃、監督の犬塚から大ダコ映画のプロットを聞かされたことがあり、いつかはそれを映画化したいと考えていた。大ダコは三浦半島の海岸で実物を撮影した。建物や樹木のミニチュアを作成し、そこに生きているタコを置いてその動く様を撮るのだが、タコは簡単には動かない。結局、二日かけて何十匹ものタコを撮影し、使用済みのタコは旅館に持ち帰った。スタッフの食事は朝から晩までタコ料理だった。苦労の甲斐あって、この場面は世界中で大受けすることになる。

こうして完成した「キングコング対ゴジラ」は封切り後、どこの映画館も満杯になり、「ゴジラ」をも上回って、東宝の映画入場者記録を更新し、怪獣映画最大のヒット作となった。

この映画は本多監督が担当した本編ドラマが秀逸だった。高度経済成長で台頭した経済社会の中、怪獣すら宣伝材料とする製薬会社の宣伝部長にスポットを当ててドラマが展開する。もはや資本主義自体が怪物となり、怪獣たちはそれに操られる道具でしかない。そのような筋立てだと、プロレス的な対決をする両怪獣もよく生かされ、作品のボリュームもふくらんでくる。本編と特撮が最も結実した作品でもあった。

『キネマ旬報』は、怪獣映画の登場人物を「阿呆に見える」と批判したことがあった。それまでの怪獣映画は、巨大怪獣に翻弄されるくらいが出演者の役どころだったが、ここでは大怪獣を向こうに宣伝部長役の有島一郎がすさまじい活躍をする。役者の熱演もヒットの要因である。

この作品は海外でも上映され、キングコング＝アメリカ、ゴジラ＝日本という国家対決の縮図のようなとらえ方をされた。製作者側もそれを見込み、キングコングを善玉的な存在とし、最初は苦戦するが最後は逆転するという、まさにプロレスの要素を取り入れた演出が行われた。さらに海外では英二入魂の大ダコのシーンが大受けし、以降の作品にも「タコを出してくれ」と無理な注文が出されるようにもなった。作品に登場した浜美枝、若林映子の両女優はその後、ボンドガールにもなった。

二　戦争映画の復興

戦後の戦争映画

特撮映画のジャンルの中で大きな比重を占めるのが「戦争映画」である。戦闘機、戦車、軍艦が闘い合う戦争映画は実写で撮影することが困難であり、そこを特殊撮影で行う。戦後まもなく、反戦的な色合いの強い人間ドラマ中心の映画が多く製作されたが、のちに戦争スペクタクルを盛り上げる戦闘シーンを多く盛り込んだ作品も製作されるようになり、それには特撮技術が必要不可欠だった。英二は戦前同様、戦争映画に取り組んでいった。

松林監督の三部作

英二が戦後に関わった戦争映画の中で最も優れた作品は、松林宗恵監督による「ハワイ・ミッドウェイ大海空戦・太平洋の嵐」(一九六〇年)、「世界大戦争」(一九六一年)、「太平洋の翼」(一九六三年)である。特撮技術も脂がのりきっており、東宝も大型プールを作るなど、製作に力を入れている。

「ハワイ・ミッドウェイ大海空戦・太平洋の嵐」は、東宝撮影所内に特撮用に作られた大プールを初めて使用した作品で、日米交渉決裂によりハワイ奇襲が行われ、ミッドウェイ海戦で敗北を喫するまでの対戦の流れをパノラマ的に雄大なスケールで描く大作である。

英二は戦時中、「ハワイ・マレー沖海戦」で表現した特撮シーンに再び挑み、今度はカラーで真珠湾攻撃を再現する。特撮は格段の進歩を遂げており、ワイドスクリーンいっぱいに大迫力の空襲場面が展開される。やがて連合艦隊はミッドウェイに向かい、登場人物らが次々と戦死する悲壮な闘いが繰り広げられる。戦後最も大がかりに特撮を行い、成功した作品といえる。

松林監督は新東宝時代、戦争映画の傑作といわれる「人間魚雷回天」を発表している。本作もラストで山口多聞(三船敏郎)、加来艦長(田崎潤)が沈没した空母・飛龍の中で語り合う幻想的なシーンが見られるが、浄土真宗の僧侶も兼ねる監督らしく、独自の死生観を表現している。

松林監督は連合艦隊のセットを見学した際、広く敷き詰められた寒天の海で、連合艦隊のミニチュアをアルバイトの大学生が号令と同時に引っ張り、動き出すところを見て、円谷特撮のすごさを感じた。自分もがんばらなければと発憤し、この大作を作り上げている。作品もこの年の興行成績の九位に入った。

二年後、英二、松林監督のコンビは第三次世界大戦を扱った「世界大戦争」に挑む。同作品は、森岩雄が特に希望して製作させた作品である。この時代はアメリカとソビエトがキューバをめぐり一色触発の事態となった「キューバ危機」があり、ある日突然、世界の終わりが来る恐怖が人々を襲った。映画のラストにテロップで書かれたとおり、「この映画はすべて架空のものであるが、明日起こる現実かも知れない」は、当時の人々の心情をストレートに表現している。

タクシー運転手の家庭を中心に物語が繰り広げられる。仲むつまじい幸せな家族の願いもむなしく、最後には核戦争が勃発し、世界中の都市すべてが一瞬にして焼き尽くされる。全世界の崩壊場面はもちろん英二の特撮で表現されるが、本当に一瞬の出来事で、あっけなくも感じられる。しかし、大規模核戦争が起これば、世界の終わりはあっけないものだろう。松林監督らしい問題提起を含んだ作品だったが、入場料を払って映画を見に来る大衆は、あまり興味を示してはいなかった。

一九六三年の「太平洋の翼」は、大戦末期、劣勢を挽回しようと開発された新鋭戦闘機・紫電改の活躍を描く作品だ。

飛行機が大好きだった英二は、戦闘機などが活躍する映画になると嬉々として取り組んだ。過去には「加藤隼戦闘隊」、「さらばラバウル」などの空戦映画があったが、いずれも「飛行機からの視点」を持つ英二によって、秀逸な空戦シーンが描かれている。この作品でも紫電改の縦横無尽な飛翔があり、空戦シーンも英二の作品中で一番多く登場する。空戦映画の集大成ともいえる作品である。

松林監督の本編も人間ドラマを生かすべくテンポよく進み、特に後半、紫電改をもってしても日本はどんどん追い込まれるばかりで、劣勢に立たされる日本側の苦悩が強く表現されている。史実とは違う、戦艦大和を護衛する場面なども加えている。

英二が関わった戦争映画の中で、松林監督によるこの三部作が最も優れた作品といえるだろう。

戦争映画の異色作

英二が関わった戦争映画の中で、とりわけ異色の作品は、一九六三年の「青島要塞爆撃命令」である。第一次世界大戦時、ようやく実戦配備された最初期の飛行機により、難攻不落のドイツ軍要塞を攻撃する映画である。

この作品には、日本軍が取り入れた最初期の飛行機アンリ・ファルマンが登場する。英二には最適の作品かと思いきや、事情が違った。

この映画を演出する古沢憲吾監督は、「特撮は迫力がない」と言い張り、自分だけで撮影すると宣言したのである。しかし、最初期の飛行機を実際に飛ばして撮影すれば、かなりの危険が伴い、現実にはできない話だった。やむなく古沢監督は英二に詫びを入れ、特撮を入れての撮影となった。

そして、坂本九やクレージーキャッツのシリーズなど軽快で小気味いいテンポの映画を製作してきた古沢監督の手で、映画はなかなか面白い作品に仕上がった。ラストシーンでは、飛行機から投下される爆弾により、要塞に爆弾を運搬する列車が攻撃され、要塞が壊滅状態になる。英二の作品の中でも名場面の一つに数えられるシーンだ。試写室で完成した映画を見た古沢は、「やっぱり円谷だな」と脱帽した。

アンリ・ファルマン機は実物大の模型が作られ、空戦を繰り広げる有り様が一番の見せ場になっている。模型は映画で使用された後、しばらく靖国神社に展示されていた。

英二と戦争映画

英二にとって、戦争映画は最も長い月日をかけて取り組んだライフワーク的なものだった。戦争映画はおおむね史実を再現するので、同じシーンを新たに撮影することもあった。戦中はすべて白黒だったが、戦後はカラーになり、新たな技術も必要となった。

そういう英二の技術志向とは別に、本編の監督には戦争に対するそれぞれの想いがあった。彼らには、みな従軍経験があった。終戦から十数年、この時期にはまだ複雑な想いがあったに違いない。中国戦線で戦った松林監督は、自分の作品は軍人を見世物としているのではと戦記映画製作に次第に抵抗を感じるようになった。

そして、「太平洋の翼」以降、監督を降りた。次回作もと期待があったが、引き受けなかった。英二とともに特撮映画を量産した本多監督も、「きけ　わだつみの声」のときには監督を引き受けなかった。戦争映画は、監督自身の強烈な戦争体験を抜きにしては語れないものだった。

戦争映画は観客の要望が強かったため、東宝以外の映画製作会社でも多く作られた。ただ、英二を抱える東宝のように、大がかりな戦闘シーンはなかなか製作できず、難渋していた。

東宝で戦争映画の撮影が始まると、「見学」と称して多くの人々が集まってきた。もともと特撮映画は人気があり、特に怪獣映画は有名人をはじめ、スタジオを訪れる人は多かった。だが、その中に、他の映画会社で撮影に関わるスタッフたちがいた。すぐにスタジオは部外者以外出入禁止となり、彼らが技術を盗み見できないようにした。ところが、現実にはそうでもなかった。

というのも、英二の長い映画人生の中で、他社には英二とともに映画を作った関係者がたくさんいた。彼らは英二に直接依頼し、教えを請うことが何度もあった。英二は頼まれると断らないタイプだった。たとえ他社であろうと、頭を下げて頼む人には手を貸した。英二の心の中には、たたき上げの職人としてのプロ意識と、幼少期から深い愛情を持って育てられた優しい気持ちが同居していた。戦争映画を撮影する他社の技術者に、東宝の小道具である戦闘機、爆撃機の模型を内緒で貸し出してやったこともあった。他社のスタッフは、英二があまりに親切なので驚き、感激した。英二には、自分を頼ってきたのだから助けてやろう、という気持ちのほかに、自分の技術にはとうてい及ばないだろうとの余裕もあった。この時期、東宝以外でもたくさん作られた戦争映画には、何らかの形で英二も関わっていたのである。

三　斜陽へ向かう映画界

斜陽の映画界

戦前、戦後を通じ、最大のメディアとして君臨した映画も、斜陽の時期が来た。右肩上がりで上昇を続けた映画館入場者数は、一九五八年をピークに以降は急速に下降した。最大の原因はテレビの台頭である。

昭和三〇年代、テレビジョンは次第に家庭に置かれるようになった。映画館に行かなくても家庭でドラマが見られるようになったし、なんといってもテレビのニュースは速報性があった。当初、映画人はテレビを「電気紙芝居」などと揶揄して馬鹿にしていた。大きなスクリーンで見る迫力には及ばないと高をくくっていたのである。

各映画会社は観客を映画館に呼び寄せるため、確実に客が見込める「シリーズもの」に活路を見出した。東宝では、俳優、歌手として人気のあった加山雄三の「若大将シリーズ」、サラリーマン生活を豪快な笑いで綴った「クレージー映画」、高度成長社会を背景に森繁久彌扮する社長が各地で奮闘する「社長シリーズ」、森繁、フランキー堺、伴淳三郎、三木のり平など固定されたメンバーが活躍する「駅前シリーズ」などが代表的なシリーズものだが、これに英二らによる「特撮もの」も加えられた。奇想天外な発想で子どもたちに大人気の特撮映画は、他社がまねのできない大きな武器だった。これにより英二ら特殊技術課は、さらなる多作を要求された。

量産される特撮映画

一九六一年の特撮映画は「大阪城物語」、「モスラ」、「世界大戦争」の三本、六二年には「大津波」（一部だけで公開）、「妖星ゴラス」、「キングコング対ゴジラ」の三本と、特撮映画は年に二、三本程度の製作だったが、これが六三年に入ると、「青島要塞爆撃命令」、「マタンゴ」、「大盗賊」、「海底軍艦」、「太平洋の翼」と五本に増加、翌六四年は「士魂魔道・大竜巻」、「モスラ対ゴジラ」、「宇宙大怪獣　ドゴラ」、「三大怪獣・地球最大の決戦」の四本、六五年には「勇者のみ」、「太平洋奇跡の作戦・キスカ」、「フランケンシュタイン対地底怪獣《バラゴン》」、クレージーの「大冒険」、「怪獣大戦争」の五本と、英二の負担はどんどん増していった。

その中でも怪獣映画の本数がどんどん増えていった。東宝がそれに依存するのは仕方ないが、怪獣映画の相次ぐ製作は、何よりマンネリを嫌う英二には耐えがたいことだった。

一九五四年に登場したゴジラは、「ゴジラの逆襲」、「キングコング対ゴジラ」、「モスラ対ゴジラ」、「三大怪獣・地球最大の決戦」、「怪獣大戦争」などシリーズ化され、加山雄三や植木等と同様、東宝の「人気者」となっていた。かつて人々を恐怖のどん底に陥れたゴジラは、何度もこき使われ、おまけに人間的な演技まで要求された。

特撮映画は量産されただけでなく、一本あたりの予算も削られた。特に、映像に映らないところまで精巧なミニチュアセットを組み立てる英二のやり方は、たびたびやり玉にあがっていた。今まで、わがままが許された英二も、次第に限られた予算の中での作品製作を余儀なくされるようになっていった。

英二のがんばりと蝕まれる体

製作本数が増える中、怪獣、ＳＦ映画はほとんど本多監督が英二と組んで作成した。本多が本編を担当した作品は合成場面がずっと多く、息の合ったところを見せた。

英二は常人には想像もつかないプロ意識とこだわりを持って撮影に臨んだ。気乗りのしない企画でも、いったん撮影に入ればそれに没頭した。製作本数が多く、予算が少ないのは彼にとって映像の質を落とす理由にはならない。どんなに忙しくても、いい映像を作ろうと連日連夜張り切った。

「モスラ対ゴジラ」は、東宝の人気怪獣どうしが対決する、やや安直な企画だったが、人間ドラマがそれを補い、映画を面白いものとしている。干拓地の地面から突然出現するゴジラ。名古屋に向かっていくゴジラが少しずつ大きく見えてくる。街へ迫る怪獣の恐怖がよりよく表現された名場面だ。

「海底軍艦」は、一万二〇〇〇年前に滅びたと思われたムウ大陸の帝国が、現代の人類に宣戦布告する奇想天外な作品だ。正月映画なのに撮影期間が短く、英二らも突貫工事で挑んだが、東京・丸の内一帯が陥没するシーンなど、秀逸な場面がいくつも登場する。

「三大怪獣・地球最大の決戦」は、人気怪獣キングギドラが初めて登場する作品で、三つの首、二つの尻尾の怪物が空を飛び、地上を破壊する。これだけ非現実的な怪物を、実際に生きているように見せるのも特撮の腕である。

英二は映画が量産されても、それぞれの作品で必ず新しい技術を取り入れた。いくらでもアイディアが出てくる英二にスタッフは驚き、それが大勢を引きつける力にもなった。

英二は細かい技術には非常に厳しかったわりに、決して意固地ではなく、映像のためなら誰の意見でも取り入れた。キングギドラは最初、全体を青色に塗られて運ばれてきた。ところが、若い女性スタッフが、金星から来たんだから金色がいいんじゃないかと口にすると、英二も青ではおかしいと感じ、その場で金色への塗り直しを指示した。

職員らは運んできたばかりの着ぐるみに注文をつけられ、唖然としたが、よいものはすぐ取り入れる英二の現場指揮で、映画も生きてきた。

だが、作品を量産する多忙な日々は、英二の体を確実に蝕んでいた。英二ももう六〇歳を超え、人生の晩年にさしかかっていた。連日の徹夜は、さすがに体にこたえるようになった。体がだるく、病院で診察を受けたとき、血圧の数値が一七〇を超え、医者から酒を控えるように忠告された。

TSプロの構想

英二が映画製作に夢中になっていた一九六〇年、アメリカの俳優カーク・ダグラスが東宝にアニメ映画の企画を持ち込んできた。この企画が結局実現しなかったと聞いた英二は、自分で受けようと考えた。

英二は以前からアニメーションに深い関心を持っていた。最初に入った天活は、日本で最初にアニメを製作した会社だったし、軍用教育映画を製作していた時期もアニメ技術を取り入れていた。また、英二は手塚治虫の「鉄腕アトム」を気に入り、素晴らしい漫画作品と評価していた。映画製作会社から「アトムを実写で映像化してほしい」という依頼があったとき、英二は、「鉄腕アトムは漫画映画として製作してこそ面白くなる要素があり、俳優の演技では、かわいらしさがなくなり、奇抜な夢の面白さが薄れてしまう」という理由で断っている。

英二にとって、アニメといえば鷺巣富雄である。鷺巣は昭和二〇年代から漫画を手がけていた。この頃、大映で七〇ミリ大作「釈迦」が製作されていたが、映画冒頭の釈迦誕生の場面で、宮殿に次々と花が咲いていく美しいシーンがある。ここを担当したのが鷺巣であり、彼こそがアニメの第一人者だった。

英二は鷺巣に会社設立を持ちかけた。師匠から提案された鷺巣はこの要請を快諾し、二人の名字からT（つぶらや）、S（さぎす）プロという社名まで決定した。二人はつてを頼り、並木橋にある出版社の倉庫を間借りしてとりあえずの事務所を開いた。カーク・ダグラス・プロダクションに対しては、次のような条件を提示した。

1、英二がほしがっている映像合成機器オプチカル・プリンターを導入すること
2、アニメ一本だけでなく、その後の仕事も供給してくれること
3、アメリカのアニメ関連のユニオン（組合）の問題を解決してくれること

交渉は続いたが、残念ながらこの話はご破算になった。この後すぐ、鷺巣はピー・プロダクションを設立し、今日まで続く特撮プロとして活動を続けた。英二も独立の機会をうかがうようになった。

四　円谷特技プロダクションの設立

英二の独立

映画界の観客減退は続いた。森岩雄でさえ自分の息子を映画でなく、テレビ局へ就職させた。これは英二も同様で、長男の一をＴＢＳ、次男の皐をフジテレビに就職させた。

東宝の量産体制に我慢ができなくなった英二は、ある日、森に申し出た。怪獣ばかりではいやで、もっと夢のある映像を作りたい。自分のプロダクションを作り、東宝作品に協力するような形にしてはもらえないか、と。

あまりにも単刀直入な英二の話に森は戸惑った。今まで自分はずいぶんと英二を助けてきたつもりだったが、この人は結局自分のやりたいことしかやらない。もう還暦だというのに、子どものように自分の夢だけを追っている。そういう人なのだと思った。森は即答を避けた。今後どうするか、時間が必要だった。

だが、英二は思いたったらどんどん事を進める男だった。株式会社円谷特技プロダクションを設立してしまった。設立メンバーは英二以外は妻のマサノ、ＴＳプロを構想した鷺巣富雄、次男の円谷皐だった。最初の仕事は日活の映画「太平洋ひとりぼっち」の特撮場面だ。太平洋をたった一人、ヨットで横断する冒険の実話を描いた作品で、円谷プロは嵐の場面を撮影し納品した。

一九六三年七月三〇日、報知新聞に書かれた記事は「円谷プロ、初の劇映画撮影」という題目だった。

「円谷監督は東宝の仕事があるので、これまで円谷プロには助言を与える程度だったが、来年いっぱいで東宝の契約が一応切れるので、それを機会に独立することも考えられる。

同監督の二人の息子がＴＢＳテレビとフジテレビの各映画制作部につとめている関係で、同社から『特撮もののテレビ映画を作って欲しい』との話が既に来ており、今年末には具体化する模様。

円谷英二監督『東宝の仕事はなかなか制約が多く、作りたいと思う作品がなかなか作れない。私も年なので、もうそろそろ自分のやりたい仕事をやっておきたい。幸いプロダクションには設備があるので、テレビ映画などで夢を実現したいと思っている。東宝との間は了解さえとればトラブルは起こらない契約になっている』」

まさに独立宣言といえる記事だった。東宝の職員や大部屋俳優たちは、円谷さんは辞めるらしいと騒いだ。一番驚いたのは森岩雄である。

しかし森は交渉上手で、こういう困った問題を誰よりも丸く収める名人だ。早速英二に会い、会社設立のやり方などを論じ、自分が力になると諭し、英二を納得させた。

英二も東宝と喧嘩別れしたいわけではなく、今後も関係を保ちたかった。森の提案に従い、新経営陣が発表されると、英二は単なる社長となり、代表には東宝の柴山撮影所長、取締役に藤本眞澄や馬場和夫など東宝の役員が名を連ね、一気に東宝色の強い布陣となった。

森としては、東宝名物ともいえる円谷特撮を失ったら、東宝の大きな損失となるという考えもあったが、英二は優れた技術者であっても経営者としてやっていけるのかきわめて不安だった。東宝の利益を損なわずに維持し、一方で英二の今後も面倒をみる判断だった。そして実際、森の判断は正しかった。

オプチカル・プリンター

円谷プロは現場を英二の長男・一が仕切るようになった。一はTBSで番組製作し、「煙の王様」という作品で賞を獲得していた。

英二の自宅には一や皐が連れてきた作家、演出家、東宝出身の若手映画人、テレビ局からの出向組、それに、円谷プロを頼ってやって来た新人たちなど、若い人々が集った。英二自身も他社の特撮スタッフを誘い、的場徹らをスカウトし、矢島信男にも声をかけた。

彼らのもとに集ったのは金城《きんじょう》哲夫、上原正三、実相寺《じっそうじ》昭雄、満田𥝱《かずほ》、中野稔など、のちに名をなすクリエイターも多かった。

やがて二つの企画が上がった。フジテレビでは不定形の宇宙人の活躍する連続ドラマ「WOO」、TBSはアメリカの「トワイライト・ゾーン」のような一話完結の「アンバランス」である。スタッフは作品のシナリオ作りを始めた。

英二は円谷プロ設立にあたり、優れた映像場面を製作するのに欠かせない映像合成機器であるオプチカル・プリンターをほしがった。この機械は東宝など映画会社しか保持していないので円谷プロ用の機種が一台必要だと考えたのだ。一九六四年（昭和三九年）の初めに英二は渡米し、東宝で面識のあったオックスベリー社社長のジョン・オックスベリーに会い、同社製造販売の最新鋭映像合成マシン、オプチカル・プリンター1200を直に見てその性能を確かめた。

1200は画期的だった。四つの映像を一度に合成することができた。英二は購入を即決し、五〇〇〇万円の手付金を支払った。この五〇〇〇万円は、マサノがあちこちから用立てて集めた金だった。帰国した英二は、時価四〇〇〇万円のオプチカル・プリンター1200の代金を支払うため、銀行を回った。「ゴジラの円谷英二」ならすぐ金を用立ててくれるに違いない……。

だが、ネームバリューと勢いだけで大金を貸すほど銀行は甘くない。どこからも断られ、英二は途方に暮れた。資本も何もない新会社ではそれも当然だが、英二はそういう知識が皆無だった。森岩雄が心配したとおり、英二は金銭感覚が乏しかったのだ。

フジテレビで進めていた「WOO」は、「主人公がまったく形がなくては、何をイメージしていいのかわからない」という理由で局から中止を申し渡された。

一はTBS編成局長に事の次第を説明し、1200購入金を用立ててもらえないかと頼んだ。TBSで協議の結果、円谷プロに金を貸すことはできないが、TBSが1200を購入するなら可能だと結論づけ、ようやくこの問題は解決した。円谷プロは出だしからつまずく波乱のスタートを切った。

「ウルトラQ」の製作

TBSで放送予定の「アンバランス」は、三人のレギュラーが毎回いろいろな事件に遭遇する筋立てで撮影が進んだ。主演は佐原健二。円谷プロ設立後も英二は東宝で特撮映画の製作があり、テレビの現場は息子たちに任せ、自分は「監修」の立場で出来上がった映像をチェックした。

第一作目は「マンモスフラワー」。古代の巨大植物が現代の東京に蘇り、巨大な花を咲かせる。早速英二の厳しい目が光った。特撮場面がそのメガネにかなわないと、すぐにリテイク（やり直し）となる。その撮影をしたのは戦前来の英二の部下で、一時は松竹に引き抜かれた川上景司だった。そんなベテランにも英二は何度もリテイクを命じた。

撮影は何班にも分かれて行われた。この番組はすべて撮影が終了してからテレビ放送すると決定していた。若いスタッフは懸命に取り組んだが、十分なキャリアのない未経験者が多かったし、初めてのテレビ番組で、スムーズには進まなかった。

数本の撮影が終わった時点で、ＴＢＳのプロデューサー栫《かこ》井《い》巍《たかし》が円谷プロを訪れ、注文をつけた。

「今回の番組は製作費が高いし、どういうものになるかわからないのでスポンサー（武田薬品工業）は非常に躊躇している。子どもも見るので、あまり難解なＳＦもの、怪奇もの、ミステリーもの、怖がるようなものではなく、円谷英二さんの名前を使う以上、怪獣路線の方がわかりやすい。その方が宣伝もしやすいです」。

テレビにはスポンサーがある。当時は一番組にスポンサー一社が普通で、その意向は絶対だ。「アンバランス」の怪獣路線が決定された。

英二は気落ちした。怪獣に囚われない自由な映像作りをしたかったのに、相変わらず怪獣が追いかけてくる。自分を怪獣の専門家だと思っている人がいる。

それでも製作は継続しなければならない。急な路線変更にも若いスタッフはめげずに前進した。こういうとき若い力は強い。怖いものなしの勢いで取り組んだ。

番組名も、「アンバランス」ではインパクトがやや弱いとなり、東京オリンピックで体操に使用された「ウルトラC」から発想を得て、「ウルトラQ」に変更された。

英二の失意とは別に、栫井の判断は大正解だった。テレビプロデューサーは視聴者の望むものを的確にとらえていた。

「ウルトラQ」の試写

紆余曲折を経て、円谷プロのテレビシリーズ第一弾、「ウルトラQ」が完成した。スタッフは二八話分すべてを撮り終え、放送開始は一九六六年一月二日に決定した。

第一回放送は当初、火星怪獣ナメゴンの登場する「火星からの贈り物」が有力だった。子どもたちに視聴させた結果、これが一番ウケた。しかし記念すべき最初の放送は、怪獣対決でいくべきとの判断があり、「ゴメスを倒せ！」に決定した。

この放送に先立ち、TBSでは試写会が行われた。「ゴメスを倒せ！」はこんな話である。

東京と大阪を結ぶ弾丸道路建設中に、トンネルの中に怪物が登場する。しかし、怪物に遭遇した作業員はアル中で、誰も信用しない。その後、万城目淳、江戸川百合子の二人がトンネルの中で怪物に遭遇する。正体は付近に伝説として伝わる怪獣ゴメスだった。その頃、伝説に同時に登場するリトラの卵が発見され、事件解決のためそれを孵化させる試みが成功し、ゴメスとリトラが対決する。

映写終了後、飯島が周囲を見渡すと、みんなむすっとした顔をしている。誰一人笑顔がなく、無言のままだ。そのうち重役が口を開くと、映画と比べると（特撮が）チャチだ、こういうものがテレビで当たるんだろうかと、悲観論ばかりが出された。

円谷プロが初めて世に問う「ウルトラQ」は、試写会ではまったくウケなかった。テレビは新興で最新のメディアであっても、重役には古い感覚のお歴々もいる。現状維持を求め、石橋を叩いても渡らない慎重派は、新しいものでの失敗を特に警戒する。

この情報はすぐ円谷プロにも伝えられた。必死で番組を作成したスタッフは落胆した。今まで東宝でヒットを連発してきた英二でさえテレビには初挑戦だ。どうなるか、なんとも想像がつかない。

英二は東宝から出向していた助監督の梶田興治にボソッと言った。

「視聴率は、一五、六％くらいかなあ……」

一五％は、かろうじて番組が継続できるくらいの数字である。英二も弱気になった。不安で心配な感情が支配し、一九六五年は暮れていった。

放送当日の一九六六年一月二日は日曜日だった。毎週日曜は教会へ出かけるのが日課だったが、この日は休んだ。英二はいつにも増してタバコをプカプカふかし、緊張を紛らわせた。

「ウルトラQ」、大ヒット！

だが、英二の心配はまったくの杞憂だった。

その日、ブラウン管の前では全国の子どもたちが「ウルトラQ」の始まるのを今か今かと待っていた。この日は子どもたちにとって、とても長い一日だった。誰もが午後七時が来るのを待った。頭の中が「ウルトラQ」の妄想でいっぱいになっていた。東宝の怪獣映画は日本中の子どもを完全に魅了していた。一度、怪獣映画を見ると、病気のように怪獣ばかりが心を占めるようになる。その怪獣が、テレビでも見られるようになる！　これは衝撃だった。一年に数回、映画館でしか見られない怪獣が、これからは毎週見られる。これで興奮しないはずがない。

遂に訪れた午後七時、スポンサー武田薬品の映像が流れ、いよいよ番組が始まる。次の瞬間、眼前に登場したのはグニョグニョした得体のしれない映像。じっと見ていると、やがてそれが「ウルトラQ」のロゴになる。子どもたちはこの瞬間「ウルトラQ」の世界に入っていった。

やがて、冒頭から怪獣ゴメスが登場する。ゴメスは東宝から借り受けたゴジラの着ぐるみを改造して製作されたが、視聴者の子どもたちにはそれはどうでもいいことだ。映画と同じように怪獣が登場して怪獣対決が展開され、両怪獣が折り重なって死に、映画とは違う展開でドラマは終了する。

番組終了後、子どもたちは新しい時代の始まりを感じた。子どもが夢中になっているその番組を、親たちは正月の特別番組だと思っていた。しかし、来週も再来週も「ウルトラQ」は続いていく。

放送後、英二のところに電話が何本もかかってきた。賞賛の嵐だった。子どもがみんな喜んでいる、近所中の子どもが「ウルトラQ」のことしかいわない……。

英二はほっとした。確かな手応えを感じた。テレビ進出はどうやら成功したようだった。この時代、視聴率はすぐにはわからなかったが、まわりの声からかなりのものになると踏んだ。発表された視聴率は三二・二％、英二の想像した数値の倍だった。円谷プロは最高のスタートを切った。

放送の翌日、英二の実家、須賀川の大束屋には子どもが何人か集まってきた。ここには、一郎の孫にあたる五歳の円谷誠がいた。

「マコちゃん、すごいね！」

須賀川で、誠はあの有名な円谷英二の親戚であることが知られていた。誠は予想外の状況に照れるばかりだった。

日本最初の特撮テレビ連続ドラマ「ウルトラQ」は、その後も高視聴率を維持し、英二の独立と、テレビ界への進出は大成功で始まった。視聴者は毎回登場する怪獣に心を躍らせた。英二は怪獣路線を好まなかったが、ともかくも成功は成功だ。あまりに高い視聴率は、近い時間帯に放送された「オバケのQ太郎」とあわせ、「オバケ番組」とも呼ばれた。

子どもたちは正直で、人気怪獣が登場する回は喜んだが、先に「アンバランス」名義で撮った怪獣が暴れない「マンモスフラワー」、「悪魔っ子」などは完成度が高くてもつまらないと感じた。この事実は、プロデューサー栫井の判断が正しかったことを証明する。

大成功を収めた「ウルトラQ」だが、現場ではちょっとしたトラブルがあった。主演の万城目淳を演じた佐原健二は、ロケ弁が毎回、握り飯ばかりであることに不満を持った。特別いいものを用意しろとはいわないが、これではスタッフのやる気が起きないではないか……。

実は、円谷プロの財政は芳しくなかった。英二の撮り直し、撮り直しの連発で、「ウルトラQ」は特撮場面にやたらと金がかかっていた。だが、誰も文句をつけられない。プロとして厳しさを持つことは必要だが、あらゆる会社は採算が重要だ。これが後々大きな騒動となった。

五　世は怪獣ブーム

ヒーローの企画

「ウルトラQ」放送中、テレビ局や若いスタッフはもう次の作品を考えていた。子どもたちが喜ぶ怪獣路線を継続しようという方針が固まった。

ユニークな話が満載だった「ウルトラQ」も、毎回同じレギュラーが奇怪な事件に次々遭遇するのはあまりにも偶然すぎると批判があった。そこで超自然的な事件や怪物退治を専門にする「制服組」、つまり専門部隊をレギュラーにし、問題を解決する話にすれば、連続ドラマもスムーズに進むだろう。そこからいろいろな案が飛び出した。

「ヒーローを出したらいいんじゃないか」

こう提案したのは英二だった。ここで初めて、怪獣と闘う巨大ヒーローが模索された。最初は「ベムラー」という名のカラス天狗のような図が提出され、それが検討された。怪獣と闘うヒーローが怪獣じゃあダメという意見が出た。英二からも、次の作品はカラーになるので、カラーで冴えるような正義のヒーローがいいという提案があった。

そして、成田亨がヒーローを創造することになった。天才的なデザイナーだった成田は秀逸なアイディアを出した。最初は宇宙人然とした姿だったヒーローも、最期には銀色に輝くそれらしいスタイルにまとまってきた。成田は登場する怪獣の造形でも素晴らしいデザインを次々と出し、怪獣やヒーロー創造に大きく貢献した。

新企画は当初、「レッドマン」という名で進行し、それがのちに「ウルトラマン」となった。出演する新しいキャストも徐々に決まった。隊員の一人ハヤタは、事故でウルトラマンと遭遇したことから一心同体となり、必要なときにウルトラマンに変身し、怪獣と闘うという設定だ。

すぐに新番組「ウルトラマン」の撮影が始まった。折しも「ウルトラQ」が放送され大ヒット中で、円谷プロのスタッフにはその勢いもあったし、撮影は前よりだいぶスムーズに進行した。多くの脚本を提供した飯島敏広は、「ウルトラマンは脚本を書きやすい。最後はウルトラマンが出てきて怪獣をやっつける。これは時代劇の大立ち回りと同じ。結論が決まっているので、かえってよかった」と考えた。

英二は一貫して監修という立場を崩さなかったが、第一九話「悪魔はふたたび」などでは現場に現れ、特撮の演出を行った。「オヤジさんが来る!」、緊張した現場は、カメラを八台も並べた。英二はかつて犬塚稔とさんざん撮った時代劇の殺陣を思い起こして演出し、ウルトラマンはスペシウム光線を三度も放ってアボラスを仕留めた。

大好評だった「ウルトラQ」は、七月三日、第二七話「二〇六便消滅す」をもって終了となった。第二八話「あけてくれ!」は内容が難解で、暗すぎるとの理由で放送されなかった。

一話分を穴埋めするため、次回から始まる「ウルトラマン」の宣伝も兼ね、杉並公会堂に子どもたちを集め、「ウルトラマン前夜祭」を行ってそれを録画中継することになった。放送のタイトルは「ウルトラマン誕生」。演出はＴＢＳ側のプロデューサーと実相寺昭雄だった。

「ウルトラＱ」、「ウルトラマン」の節目に、両番組の怪獣が終結した会場に集った子どもたちは大いに喜んだ。舞台では、「円谷英二」を名乗る博士が進行役を務め、多くの怪獣が紹介され、ウルトラマンや科学特捜隊の歌を全員で歌う。最後に本物の円谷英二が登場してフィナーレを迎えるといった内容は「新番組紹介」のような体裁だった。

しかし、収録はミスの連発だった。子豚が箱の中で怪獣に変わる場面ではその子豚が逃げ出してしまい、登場人物が追いかけ回す羽目になった。「主役」であるウルトラマンが登場すると、前が見えずつまずきそうになり、子どもたちの失笑を買った。空を飛ぶ予定だったウルトラマンはピアノ線に宙ぶらりんになり、苦しみもがき、あわてて幕を下ろすと今度は幕がウルトラマンに引っかかり、子どもたちは馬鹿にして口笛を吹いた。あまりの不出来にスタッフはクビになるのかと心配した。ウルトラマンの失態は編集で隠すことになった。

こういうミスを補ったのが円谷英二である。番組の最後でニセ円谷英二は正体がばれ、ムラマツキャップの呼びかけで本物の英二がステージに登壇する。子どもたちは、「これが円谷英二か！」と目を見張る。子どもたちは怪獣を次々世に送り出す英二に興味津々だった。それまでの不備は、千両役者の登場で帳消しになった。この番組は、子どもたちのあこがれ円谷英二を紹介する、まさに「英二ショー」だったのだ。

「ウルトラマン誕生」は、単なる新番組の紹介にもかかわらず、視聴率三一・六％を叩き出した。

毎週怪獣を連れてきたウルトラマン

一九六七年七月一七日に始まった「ウルトラマン」は、きわめて斬新な番組だった。番組自体が明るく陽性だったし、銀色に輝く巨大ヒーローは、クライマックスで両手を交差させ、スペシウム光線を放つ。子どもたちはみなこのポーズを真似た。

「ウルトラマン」には毎回、怪獣が登場した。「アンバランス」としてスタートした「ウルトラQ」は、たまに怪獣の出ない回があり、子どもを残念がらせたが、「ウルトラマン」は違う。ドラマは人気怪獣ゴモラの回以外すべて一話完結で、毎週現れる新怪獣に視聴者は驚喜した。担当のデザイナー成田亨は、怪獣はお化けであってはならない、独創的でなければならない、というポリシーを持ってデザインした。

また、登場した怪獣を最後にウルトラマンがスペシウム光線で倒すだけでなく、実相寺昭雄が変幻自在なドラマでアクセントをつけた。ウルトラマンも一方的に怪獣をやっつけるだけではなく、ジラースやドドンゴの死には哀れみを感じて弔い、その姿勢に子どもたちは感動した。視聴率はうなぎ登りで、「ウルトラQ」をも上回るようになった。「ウルトラマン」大成功の理由は、怪獣ブームの最中、毎回ウルトラマンが魅力的な怪獣を連れてきた点にあった。

怪獣ブーム、最高潮

怪獣人気に乗じ、他社でも怪獣映画が作られ始めた。大映では永田雅一の命で「大怪獣ガメラ」（一九六五年一一月）が作られ、それまで実績のなかった湯浅憲明監督が必死で取り組み、大ヒットを飛ばした。テレビでも鷺巣富雄率いるピープロが手塚治虫原作の「マグマ大使」を怪獣が登場するドラマにアレンジし、ウルトラマンの放送より早い七月四日から放送を開始していた。

まさに怪獣ブーム！　デパートは怪獣を中心とした催しを行い、怪獣のソフトビニール人形も販売された。テレビの世帯普及率も約九〇％ほどとなって、需要も供給も広がり、怪獣ブームはますます拡大した。怪獣は海外でも人気を拡大した。東宝の怪獣映画は完成しないうちからバイヤーからの催促があった。

こういったブームに便乗したのが以前から英二の特撮に興味を示し、すでに東宝に対抗して「大怪獣ガメラ」を送り出していた大映の永田雅一である。戦前、戦後を通じ、日本映画界のフィクサーだった永田は「ガメラ」の成功に気をよくして政治を動かし、社団法人・日本映画輸出振興協会を設立させた。日本映画輸出振興協会はその名のとおり、海外でも人気のある日本特撮映画の振興をはかり、政府が融資して日本の映画会社に特撮を駆使したSF・怪獣映画を製作させ、さらなる外貨獲得を支援する目的で設立された協会である。政府は、映画会社五社に三年間で六〇億円もの「輸出用映画特別融資」をする。

怪獣映画に国から金が出る！　これは日本の映画界を動かす大きな力となった。特撮・怪獣映画は東宝のドル箱だったが、金が出るとあって、大映に加え、それまでこの分野に関心を示さなかった東映、松竹、日活といった映画会社も色めき立った。

この大きな流れを受け、それまで英二と仕事をしていた渡辺明、川上景司などが日本特撮映画株式会社を設立し、特殊撮影部門があまり強くない映画会社の受け皿になった。

大映は、「ガメラ対ギャオス」、「大魔神逆襲」が融資対象となった。松竹は「宇宙大怪獣ギララ」を発表し、日活は「大巨獣ガッパ」で勝負した。

各社の作品は、「大魔神シリーズ」が健闘したものの、後はあまりに安直で、東宝が何度も製作済みの着ぐるみ怪獣映画のモノマネにすぎなかった。特撮の担当者も、着ぐるみの発注元も同じ、これでは新機軸を打ち出すことは難しかった。

英二は自分の作品に必ず何か一つ新しいアイディアを持ち込んできた。日頃から新しい試みを考えていて、作品に生かした。そうした英二の「血と肉」の結晶が、他社の安直な企画にはなかった。これが大きな差となった。

案の定、大量生産された日本の怪獣映画は海外で買い叩かれた。英二が担当した作品は三〇万ドルで売れたが、この時期の他社作品はせいぜい五万ドルがいいところだった。需要と供給のバランスが完全に崩れた。

円谷プロ、テーマ・パークの構想

「ウルトラQ」、「ウルトラマン」の大ヒットに気をよくした英二は、大きな夢を抱いていた。

英二は訪米の際、ディズニーランドやユニバーサルスタジオを見学した。当時、日本にはまだなかったテーマパークである。ユニバーサルスタジオは、映画黎明期より一般の人々から入場料をとって撮影所を見学させていた。壮大な敷地に数多くのアミューズメントがあり、実際に映画で使用するセットも多い。

「こんなものが、日本にもあったら……」

怪獣ブームの真っ最中で、撮影所と遊園地が併設する夢のような世界があれば、子どもたちは大満足するはずだ。

ディズニーランドもユニバーサルスタジオももとは映画製作からスタートしている。日本にそんな施設があってもおかしくはない。しかも今は「ウルトラマン」が大ヒット中で、ウルトラマンも登場する怪獣もみな大人気だ。強力なキャラクターを持つ強みを生かし、テーマパークを開園すれば、必ず大当たりするはずだ……。英二の夢は広がった。

「ウルトラマン」の終了

「ウルトラマン」は高視聴率を続け、三〇％超えどころか、次第に四〇％のラインを狙い始めていた。

しかし、全話完成後に放送した「ウルトラQ」と比べ、「ウルトラマン」の製作は時間との闘いになった。納品ギリギリでも英二は容赦なくリテイクを出した。これには放送するTBSも呆れ、「一週間前に納品しないと受け付けない」との通達を出す始末だった。

同時に、作品製作の赤字が追い打ちをかけた。第一クール（一三話）終了頃から製作側はいろいろ条件をつけられた。ゲスト出演者は一名だけ、台本印刷は準備稿、決定稿各一回とする、フィルムをあまり使わないなど厳しい条件が付されたが、若者たちのあり余る情熱は妥協を許さず、なかなかそれが守られなかった。社長である英二の映像へのこだわりが最も強く、現場は大変な状況で持って歩いていた。東宝から円谷プロに移った製作担当の熊谷健《けん》は、いつも大きなバッグに現金を持って歩いていた。当時、支払いはすべて現金で、そうせざるをえなかったのだ。

スタッフの疲労も頂点に達していた。「もう、間に合わない」。プロデューサーの栫井は金城らと相談し、番組の終了を決定した。TBSも円谷プロ作品の魅力を認めつつ、「ウルトラマン」製作進行の危うさをいつも感じていた。番組に穴は開けられない。彼らは以前から東映に打診し、「宇宙大作戦」という企画を進めていた。のちの「キャプテンウルトラ」である。TBSは高視聴率ゆえに「ウルトラマン」の番組継続を希望してはいたが、現場の疲弊がそれを許さなかった。

番組終了間際の二作、「小さな英雄」、「宇宙船救助命令」は満田穧監督の作品だが、特技監督は東宝から急遽呼び寄せられた有川定昌が担当した。皮肉にも有川がピンチヒッターで担当した「小さな英雄」は、番組最高の視聴率、四二・八%を記録した。

子どもたちに別れは突然やって来た。第三八話「宇宙船救助命令」が終わり、CMを挟んで予告編が始まる。タイトルは「さらばウルトラマン」。その言葉の意味するものが、子どもたちにとって、あまりにも重かった。来週で「ウルトラマン」は終了するのだ。

一九六七年（昭和四二年）四月九日、「ウルトラマン」最終話が放送された。ウルトラマンの最後を全国の子どもたちが神妙に見送った。宇宙恐竜ゼットンに倒されるウルトラマン。ゼットンは科学特捜隊に倒され、ウルトラマンの仲間が命を二つ持ってやってくる。最初の設定では、ウルトラマンはハヤタに命を渡し、自分は死ぬことになっていた。

終了する番組。来週からこの時間はやって来ない。次週放送「キャプテンウルトラ」の予告編が始まると、子どもたちは愕然とした。

子どもたちは、毎週日曜に必ずやって来る夢の世界を楽しみに学校に通っていた。しかし、それも今夜で終わり。子どもたちは家の外へ出て、夜空を見上げた。

「さようなら、ウルトラマン……」

満天の星空がにじんで見えた。涙をこぼしながら円谷ワールドの終了を見送った。

六　円谷プロの危機

ウルトラセブン登場

空前の大人気番組となった「ウルトラマン」の後続番組、「キャプテンウルトラ」は東映が製作し、一九六七年四月一六日に放送開始された。テレビ進出をはかりたい東映が必死で売り込んだ企画であり、円谷プロの製作が遅延気味という状況下で、なんとか後番組になったが、すぐに視聴率が下がり、二クールの予定を二四話で終了となった。

当時の子どもたちは「円谷ブランド」でない作品を、「冷めた目」で見ていた。円谷プロでないと面白くないと、信じ込んでいた。それほど円谷英二は子どもたちに浸透していた。

一方、円谷プロは「ウルトラマン」放送時からすでに新しい企画を進めていた。たとえ他社の番組が間に入ったとしても、猛烈な視聴率を達成した自分たちに敵はない。若いスタッフは自信に溢れていた。

新企画は「ウルトラ警備隊」の名でスタートし、「ウルトラアイ」、「レッドマン」と変遷し、最終的に「ウルトラセブン」に落ち着いた。宇宙人の侵略から地球を守るウルトラ警備隊が活躍し、そこに宇宙人としてウルトラセブンが地球の平和のため協力する。

実は「ウルトラマン」では科学特捜隊の車は英二の私用車であり、ジェットビートルは東宝映画「妖星ゴラス」(一九六二年)のVTOLだったが、今回は素晴らしいオリジナルのデザインが考案された。二つの人気番組を作り出した円谷プロの面々は経験を積み、前作で果たせなかったことを実現しようとした。

また、新作「ウルトラセブン」には重要な使命があった。「ウルトラQ」、「ウルトラマン」の累積赤字解消である。そのためには無駄な経費は極力避けたい。撮影日数は一話につき五日以内、必要経費の申請締め切りは完成後一五日までなど、細かな決めごともたくさん作られた。

TBSからの注文も多くなった。「ウルトラマン」では製作が間に合わなくなり、毎回納品が放送ギリギリだった。放送終了も、結局は週一回の放送に製作が追いつかなくなったのが原因だった。今度はそういう問題が発生しないよう、念を押された。

英二は「ウルトラセブン」製作の直前、アメリカとイギリスへの旅に出てた。イギリスでは「サンダーバード」の撮影所を見学している。同作品の精巧なミニチュアは、円谷プロ作品に少なからぬ影響を与えた。「サンダーバード」に負けない作品を作ろう、スタッフは盛り上がった。

また、英二も今までの怪獣路線は時代遅れだとし、これからは怪獣ではダメだといった趣旨の発言を繰り返した。新作では宇宙人との闘いをメインに据え、視聴者の年齢層を高くしようと考えた。

円谷プロ最高のシリーズにしよう、スタッフは意気込んだ。

「ウルトラセブン」の不振

一九六七年一〇月一日日曜日、「ウルトラセブン」の第一話「姿なき挑戦者」が放送された。すでに少年誌などには何度も特集が組まれ、新番組の期待を大いに煽っていた。「ウルトラQ」、「ウルトラマン」に興奮した子どもたちには待望の瞬間だった。

この日、英二は五時半から知人の結婚披露宴に出席し、祝辞を述べた後途中退席して、自宅で「ウルトラセブン」を鑑賞した。特技監督の高野宏一、カメラマンの鈴木清も来ていた。半年ぶりにテレビ登場した円谷プロ作品に、一抹の不安を感じていた。

盛り上がりに欠ける。山場が弱い。番組が終わった後、何かいやな雰囲気を感じた。高野や鈴木は映像に満足していた。しかし、これでいいのだろうか。ブラウン管の向こう側にいる子どもたちは満足しているのだろうか？

子どもたちも同じことを感じていた。新ヒーローのセブンは確かに格好いいし、ウルトラ警備隊のメカもいいが、肝心のセブンはほとんど等身大のままであり、敵と闘わない。一度、アイスラッガーを放っただけだった。宇宙人もほとんど動かない昆虫のようなクール星人だけ。待望のカプセル怪獣もほんの少ししか活躍しなかった。

「なんだかあんまり面白くないな……」

子どもたちは素直にそう思った。第二、三話では巨大化したセブンとモンスターの闘いがあったが、四話以降はこぢんまりとした話が多くなった。

これは徐々に視聴率に反映された。初回こそ視聴率三三・七％でスタートした「ウルトラセブン」は、第八回「宇宙囚人３０３」で遂に三〇％の大台を割る。それ以降どんどん下がり、特に第二クール以降は低迷した。

英二は焦って現場で指導するが、下がり始めた視聴率はそう簡単には上がらない。英二自身、各話のドラマの弱さを感じていた。

第三六話「月世界の戦慄」では遂に最低視聴率一六・八％を記録する。「ウルトラマン」の最高視聴率と比べれば、実に三分の一！　苦しい日々が続いた。

「ウルトラセブン」では、過去の反省から予算面でも緊縮が要求された。怪獣や宇宙人の出ないドラマも作らなければならなかった。予算緊縮と視聴率低下のはざまで円谷プロは迷走した。もはや累積赤字の清算どころではない。

それでも、スタッフらは懸命の努力を重ねた。三月三一日放送の第二六話「超兵器Ｒ１号」の試写を見た英二は、ある場面でハッとした。

このドラマは地球防衛軍が開発した驚異的な破壊兵器をめぐるストーリーである。あまり強力な兵器を作っても、敵はさらに強力なものを開発するだろう、そうした競争に失望した主人公のモロボシ・ダンがこういうセリフを吐く。

「それは、血を吐きながら続ける悲しいマラソンですよ……」

この年の一月八日、英二と同郷で同姓の東京オリンピック銅メダリストの円谷幸吉が周囲の期待の大きさに耐えられず自殺している。悲しい事件であり、社会に大きな問題を投げかけた。同郷の偉人の死に、英二も大きなショックを受けた。

兵器競争を現在の話題に合わせて題材としたことに、英二もなかなかやるな、と感じた。若いスタッフは、それぞれ徐々に力をつけている。厳しい視聴率競争の中で、確実に映像作家としての実力を身につけていくのなら、今は苦境であっても円谷プロの未来は明るい。英二はそう感じた。

「マイティジャック」

苦戦する円谷プロに、久々に朗報が入ってきた。

「フジテレビが決まったよ!」

企画室に飛び込んできたのは金城哲夫だった。「ウルトラセブン」の不調以来、こんな元気な金城を見るのは久しぶりだった。

フジテレビで「マイティジャック」の放送が決定した。円谷プロ製作では初めての一時間枠で、予算は毎回一〇〇〇万円もついた。特撮番組で一時間枠は画期的だ。これこそ起死回生の作品になるに違いない。「マイティジャック」は悪の秘密組織Qと闘うマイティジャックの隊員たちを描く物語である。怪獣や宇宙人は登場しない。東宝映画「海底軍艦」を発展させた万能戦艦マイティジャック号が縦横無尽の活躍により、世界の平和を守る。配役も毎回のゲストも豪華だった。

ただ、今まで三〇分番組しか作っていない円谷プロにとって、倍の長さのドラマ作りはそう簡単ではなかった。

「ヤマの作り方が難しい。ドラマ部分と特撮部分がどうもうまくいかない」

これまで円谷プロを牽引してきた金城も、めずらしく弱音を吐いた。これまでの山場は、怪獣か宇宙人だった。このドラマではそれが使えない。これまで日本には一時間のＳＦドラマなどなかった。まさに未開拓分野だった。

一九六八年四月六日、土曜八時に「マイティジャック」は放送を開始した。だが、期待の新番組を予想もしない低視聴率が待っていた。第一話「パリに消えた男」は一一・三％。四話以降は七％程度にまで下がった。完全なる大失敗に、フジテレビは早々に第一クールで打ち切りを決め、以降は三〇分番組となった。

大きな期待を持って臨んだ「マイティジャック」大失敗は、円谷プロにも英二自身にも大打撃となった。「早すぎた。日本にはまだＳＦを受け入れる土壌ができていない」と敗因を分析した英二だったが、低迷はどうにもならなかった。

悪いことは重なる。今まで秀逸な怪獣や宇宙人のデザインを手がけてきた成田亨が円谷プロを離脱した。「マイティジャック」では主演の二谷英明に成田のデザインした制服の着用を断られていた。ウルトラマンや数々の怪獣、宇宙人を生み出した成田離脱の衝撃は大きかった。

「セブン」終了

一方、低迷を続けていた「ウルトラセブン」は、後半からＴＢＳのプロデューサーが橋本洋二となり、現場に厳しい注文をつけるようになった。そのせいか、番組は低視聴率から解放されなかったものの、のちに傑作と呼ばれる作品が相次いだ。

第三七話「盗まれたウルトラ・アイ」は異形の怪獣や宇宙人が登場しないアダルトなドラマで、自分の星に裏切られた女性の孤独を描く。第三八話「勇気ある戦い」は資源の枯渇により宇宙人が地球の鉄を狙うという話で、宇宙人が連れてきた歯止めのきかないロボットにセブンが奇策で対抗する。第四二話「ノンマルトの使者」はシリーズ最高傑作ともいわれる作品で、地球人が実は侵略者だったというプロットが光る。第四三話「第四惑星の悪夢」はロボットが人類を支配する星をめぐる物語。寓話のようなエッセンスがちりばめられている。第四五話「円盤が来た」は天体望遠鏡で円盤群を発見した青年が誰にも信用されず、「人間なんて、そんな動物さ」と宇宙人に諭される話だ。

この時期に秀作が次々と登場したのは、スタッフが番組に慣れ、出演者やシチュエーションをうまく生かした結果だろう。若者たちは切り詰められた予算の中で精一杯努力し、工夫を重ねて名作を作り続けた。

この「ウルトラセブン」にも最後が迫った。第四クールでの終了が決定し、第四九話をもって最終回とした。最終回は前後編で製作され、「ウルトラマン」のように突然終わることはなかった。悪魔のような侵略者たちとの長い闘いに疲労したセブンは、M78星雲の上司から「命の危険があるからすぐ帰れ」と説得される。しかし、ゴース星人が地底ミサイルを駆使し、世界の大都市を次々と破壊していく。セブンは最後の闘いを挑む。

最終回でモロボシ・ダンがアンヌ隊員に自分の正体を明かすシーンは最高の名場面で、子どもたちは「ウルトラマン」のときと同様、涙をこぼして最終回を鑑賞した。最終回は視聴率も三〇％に迫り、面目も保たれた。

次週から始まる「怪奇大作戦」も円谷プロ製作、英二監修の番組だが、ヒーローも怪獣も出ない。子どもたちは一様に寂しさを感じた。そしてセブンに対し、今まであまり応援せず申し訳ないと思った。

後年、「ウルトラセブン」はウルトラシリーズの最高傑作と呼ばれた。感動的なエピソードが多く、丁寧に作られている。また、子どもに人気があるのはウルトラ兄弟の中でセブンが一番だという。しかし、最初の放送では視聴率が低迷し、あまり人気がなかったのである。

円谷プロの危機

一九六八年九月一五日に放送が開始された「怪奇大作戦」は、警察では対応できない奇怪な事件をＳＲＩというチームが毎回解決していく物語であり、怪獣の登場しないドラマだが、それでも特撮場面はあった。

「派手な特撮はごまかしがきくが、今度はごまかしがきかんぞ」

英二は相変わらず厳しかった。第一話は「人食い蛾」というドラマだったが、英二が特撮のやり直しを命じたため、第一話と第二話が取り替えられた。

第一話「壁抜け男」は視聴率二四％、第二話「人食い蛾」二三・三％と、おおむね予想どおりの結果が出た。とはいえ、特撮作品は作れば作るほど赤字が累積する金食い虫で、根本的な改善が必要だったが、現在製作している「怪奇大作戦」以降、作品の注文はなかった。すでに一億の借金を抱えていて、会社が自力で復活できる見込みはなかった。

東宝では、相変わらず英二の特撮による怪獣映画、戦争映画が毎年製作されている。ことに戦争を題材とした作品は八・一五シリーズと呼ばれ、毎年の興行収入ランキングの上位に必ず食い込む人気企画だった。このまま英二を潰すわけにはいかない。東宝は英二を説得した。

一二月、東宝主導でいよいよ円谷プロの大改革が始まる。東宝は円谷プロの株六〇％を取得して英二を代表権のない社長とし、役員を七人派遣した。リストラも実施し、一五〇人の社員を四〇人にまで削減した。企画文芸部を廃止し、企画課長だった金城も解任された。これまで円谷プロを牽引してきた一番の功労者が一介のライターにされた。

「この際、沖縄に帰るか……」。金城は悩みに悩んだ。円谷プロにはぬくもりがあった、オヤジさんや一との別れはつらい。それでも、最後には帰ることを選んだ。円谷皐は「給料を上げる」と慰留したが、金城の意志が変わることはなかった。

一九六九年三月一日、金城が妻と三人の子どもを連れ、竹芝桟橋から船に乗って沖縄へと帰る日が来た。円谷プロの仲間たちが集まり、円谷プロ最大の功労者を見送った。体調を崩していた英二も三男・粲に支えられるようにしてやって来た。

「元気を出して、がんばれよ」

英二の励ましに、金城は涙を流すばかりで、言葉にならなかった。あまりにも切ない別れだった。英二は金城との別れの瞬間、自分のテレビでの冒険が終了したのを肌で感じた。夢は終わった。

英二は金城の乗った船をいつまでも見送っていた。その表情にはもはや精彩はなかった。

優れたクリエイターであり、誰にも負けない技術とともに、現場で次々アイディアを繰り出す実力を持った英二は、会社経営者としてはまったく才能がなかった。昔、須賀川で大束屋にいた頃と同じ感覚で最後まで円谷プロを経営した。つまり、親方以外は番頭が金庫番で、後は使用人という古典的な商店の考え方だった。

だが、もし英二が採算ばかりを考え、妥協しながら作品を製作していたら、「ウルトラマン」、「ウルトラセブン」は後々まで見られる作品となっていただろうか?

英二のもとで働いていた人々は、口をそろえて「円谷プロは監督を育てる学校だった」という。英二の映像を作り出す情熱は凄まじかった。英二自身の長年の厳しい経験がそれを育んだのだが、後進に対しても同様の努力を要求した。プロとして生きていく心構えを伝授された人々は、各地で特撮作品を作り出した。英二は優れた作品を残すとともに、優秀な後輩を多く育てたともいえる。

七　晩年の英二

寛大な英二

六〇歳を過ぎた英二は長年の不摂生がたたり、糖尿病が悪化していた。それでも映画、テレビなどで多くの作品に関わり、ずっと多忙なままの状態だった。

一九六六〜六八年頃の怪獣ブームの最中には、他社の映画会社の人にいろいろ教えたり、小道具まで貸してやることもあった。

とりわけ、戦時中に同じ特殊技術課にいた鷺巣富雄は英二にとって弟子ともいえる特別な存在だった。その鷺巣が自身のプロダクション、ピープロで製作した「マグマ大使」は「ウルトラマン」の半月前に放送が開始されていた。

「ウルトラマン」と「マグマ大使」は同じ特撮番組であり、ライバル関係ともいえた。テレビ業界は生き馬の目を抜く競争世界で、円谷プロのスタッフも「マグマ大使」に負けるな、という意気込みで日々の撮影を行っていた。

ところが「ウルトラマン」の撮影中、英二はしばしば鷺巣のいるピープロに出かけていった。円谷プロのスタッフは「またか」という目で見送る。

ピープロに赴いた英二がスタッフに、「よお、やっとるね」と声をかける。ある日、スタッフの中に、かつて「ゴジラ」などで美術を担当した入江義夫の姿を発見した。入江は少し気まずい顔になった。

「ご無沙汰してます」

しかし、英二は入江の手を握りしめ、こういった。

「入江君、しっかり頼むよ」

入江は驚いた。英二は向こう側のトップだ。それがテレビで競い合う番組の撮影現場に来て、自分を励ましている。

こんなことが何度もあった。円谷プロで働く英二の三男・粲は、あまりのことについ口にした。

「オヤジさんは絶対マグマ大使の方に肩入れしているよ、そうだよな」

鷺巣は晩年、粲の「マグマ大使に肩入れしている」という言葉を伝え聞いて、胸がいっぱいになったという。英二は一匹狼タイプで、心を許す人は非常に少なかったが、その中の一人が実直で英二への信頼が厚かった鷺巣だった。

子どもへの想い

英二はデパートなどで行われる怪獣の着ぐるみショーを嫌っていた。せっかく映像で巨大に表現しているのに実態がわかってしまうというのが理由だった。子どもの夢を壊したくなかった。しかし怪獣ブーム以降、要望があまりに多く、怪獣ショーは増え、あちこちに着ぐるみが貸し出された。子どもたちは等身大であってもそれを楽しみにしていた。

一九六七年、戊辰戦争一〇〇年を記念して、会津若松で会津若松大博覧会が行われた。鶴ヶ城を中心にいろいろな展示が見られたが、その中に「怪獣館」が作られ、ウルトラ怪獣が展示された。怪獣ブームの熱気冷めやらぬ中、会津の地で英二の怪獣たちが地元の子どもたちの人気者になった。博覧会は盛況で、この後怪獣はあちこちに展示されたり、着ぐるみによるショーが行われた。

一九六八年、テレビで「ウルトラセブン」の視聴率が下がり始めた頃、東宝では今までの怪獣を総出演させる豪華企画「怪獣総進撃」が企画された。東宝にも怪獣映画は一応ここでいったんやめようという考えがあった。ゴジラ、ラドン、モスラなど一一頭の怪獣が集結する巨編となった。もっとも、この頃の英二は怪獣映画を直接演出せず、「ゴジラの息子」以降は特技監督は弟子の有川に任せ、「特技監修」という立場になっていた。英二は一連の戦争映画など、大作のみに直接携わるだけになっていた。

「怪獣たちともこれでおさらばか……」

英二の胸中は複雑だった。怪獣ばかり作らされることに嫌気がさして自身のプロダクションを立ち上げたが、自分を有名にしてくれたのはほかならぬ怪獣たちである。おまけに円谷プロでもテレビの要請で結局怪獣を作らされている。最近では子どもたちが怪獣好きで、自分を慕ってくれている。こうなるとまんざら悪い気もしない。英二自身、やっぱり自分と子どもたちをつないでいるのは怪獣なんだな、と感じていた。

晩年の自筆サイン
（スキーボーヤ）

やがて「怪獣総進撃」はクランクアップし、田中友幸、本多猪四郎なども交え、怪獣たちの前で記念写真が撮影された。そこには英二の複雑な表情が写されている。笑っているような、本意ではないような、なんとも難しい顔つきだ。二代目特技監督となった有川は、後年、このときの英二の心境を、「オヤジさんは寂しかったんだよ。それは一番近くにいた自分が何よりわかっていた」と語っている。

しかし、この後思いがけないことが起きる。東宝怪獣が総登場する「怪獣総進撃」は各地で大ウケした。世界主要都市を怪獣が一斉に襲撃し、全世界蹂躙のカタストロフを十二分に表現したこの豪華映画は予想外のヒットを記録して、各地の映画館は子どもたちで溢れた。映画館側から「もっと怪獣映画を」の希望が殺到した。結局、東宝はこれ以降も怪獣映画製作を継続することになった。

故郷への想い

一九五六年五月、英二は「忘却の花びら」（一九五七年）という恋愛映画の一場面で上空からの映像を要望され、飛行士とともにセスナに乗って千葉から茨城、福島県の平まで空中撮影を行った。福島県の上空に達し、故郷のことを思い出した。「牡丹園の花が咲き乱れている頃だろう……」、英二はいっそこのまま須賀川まで飛行機を飛ばして上空から牡丹を見てこようと思い立った。しかし燃料が間に合わなくなり、やむなく断念した。まもなく「地球防衛軍」の撮影が始まる。そうなれば、帰郷どころではなくなる。

この頃から英二は故郷との交流を深めるようになっていく。

ロケで地方へ行き、自然のきれいな場所に来ると、英二は「須賀川を思い出すなぁ」と故郷を懐かしんだ。有川、中野たちはいつもそんな姿を見ていた。監督はよほど故郷が好きなんだな、と思っていた。

英二は晩年、須賀川の人々を東宝のスタジオに招く見学会を年数回行っていた。映画の撮影現場を見たいという人は地元にも多く、バスに乗ってスタジオを訪れていた。昼食は東宝のレストランで英二が振る舞った。

「ウルトラセブン」が放送されていた時期の年末に、突然須賀川行きを思い立った。その日は須賀川で「松明あかし」が行われていた。

一五八九年、須賀川を治めていた二階堂氏が伊達政宗に攻め滅ぼされた。戦死した人々を弔うため、年に一度、高さ三〇メートルもの松明を数十本建て、盛大な火祭りを挙行する。英二はマサノを伴い、この松明あかしに赴いた。

須賀川の東側、松明あかしが行われる五老山から街に向かって坂を上ると、江戸時代から続く古い菓子屋「かみしめや」があった。英二はそこで土産の菓子を買い求めた。

英二の姿が通行人の目にとまった。円谷英二が帰ってきた！　須賀川は騒然となった。

英二はマサノを実家の大束屋に残し、市内中心部から馬町に移転していた「羽田鮮魚店」に向かった。

「おお、英一じゃねえか！」

幼なじみの羽田徳太郎だった。彼は突然の英二の来訪に驚き喜び、すぐに居間に通した。そこには徳太郎の孫で小学校四年の典正と二年の和功がいた。徳太郎は孫たちに、このおじちゃんがウルトラマンを作ったと紹介した。二人は、英二からウルトラマンのカレンダーをもらうと大喜びした。

英二の話に興味津々の典正、和功の姿を見るうちに、英二は用意してもらったコップの水の中に牛乳を少しずつ垂らし、特別に「特撮の奥義」を実践して見せた。外国には金があるが、日本はない。特撮は頭で勝負するんだと話して聞かせた。

帰り道、英二は呟いた。

「徳ちゃん、借りは返したよ……」

英二は子どもの頃、映写機を作りたくて羽田鮮魚店の金を盗んだ。やっとできた償いに、心の中のもやもやが一つ晴れた。

亡き娘への想い

長男の一が生まれた二年後の一九三三年、円谷夫妻に長女が誕生した。都《みやこ》と名づけられた女の子は生まれつき病弱で、心臓の病で一歳になる前にこの世を去った。ほとんどの人はこのことを知らずにいた。

この間、仕事にかかりきりで、ほとんど家庭を振り返る余裕もなかった。だが、晩年になって過去のことをいろいろ思い出し、悔やむこともあった。

ある日、一〇年近くスクリプターを務めた久松桂子が円谷プロのカメラマン・鈴木清と一緒に円谷宅を訪れた。スクリプターとは、映画の撮影シーンやカットを記録、管理する仕事である。映画を製作する場合、各シーンは順番通りではなく、バラバラに撮影されることがよくあるため、それらを管理する役目が必要であり、特撮映画では特に重要な役割を持つ。英二も久松を信頼し、「お桂ちゃん」と親しみを込めて呼んでいた。

二人は、結婚の報告に英二を訪ねたのだった。鈴木も円谷プロの生え抜きで英二の信頼も厚い。それだけに二人の結婚は英二にとっても喜ばしい出来事だった。

ただ、こんなとき、都の姿が胸をかすめるのだった。

妻への配慮

円谷英二を「特撮の神様」にならしめた最大の功労者は誰だろうか？　それは妻のマサノである。多くの人々に支えられ、助けられた英二だが、マサノの尽力なしに映画界の偉人にはなることはできなかった。

やりたいことに熱中し、熱中すると我を忘れてしまう、子どものような英二を最後まで支えたのは、紛れもなくマサノだった。

洗濯機、カメラなど、新製品が出ると家計も考えずに買ってきてしまうし、円谷研究所時代には弟子がゾロゾロ自宅に居候するようなこともあった。戦後まもなくの頃、生活に困窮する弟子たちのため、英二は家にあった米や炭を分け与えていたが、それはマサノが自分の大切な着物を売り、やっと買い求めたものだった。普通なら、愛想を尽かして実家に帰ってもおかしくないことは山のようにあった。

「ゴジラ」で成功した後も、撮影でどんなに遅くなっても、マサノは英二の好物のお茶漬けを用意して起きていた。須賀川から英二の実家に下宿していた親戚の円谷イヨ子はその姿をずっと見て感心していた。

英二もマサノには申し訳なく感じ、いつか恩返しをしたいと思っていた。

英二はマサノに内緒で静岡県の伊東温泉の浮山に別荘を建設していた。一九六八年六月、それが完成した。

「たまには温泉に行こう」

マサノは英二の突然の誘いに驚いた。今までこんなことはなかったからだ。英二は行き先も告げず、迎えの車にマサノを乗せた。

温泉旅館に宿泊すると思っていたマサノは到着して驚いた。それは自分たちの別荘だった。夕闇迫る中、英二はいった。

「そこに立っていてくれ」

英二は別荘の照明をすべて点灯した。あでやかなライトに輝く建物がマサノの眼前に広がった。映像の専門家・英二ならではの演出である。

「どうだ、いいだろう」

夫の配慮に、マサノは感激した。今までのいろいろなことが思い出され、涙がこぼれてきた。

一九六九年一月、英二はマサノと三男の粲を連れ、キリスト教を信仰する者として最高の旅行を敢行する。イスラエル、ローマ、マドリッド、ポルトガル、パリを巡礼旅行したのである。これもまた、マサノへのお礼だった。

八　英二倒れる

「ニッポン・ヒコーキ野郎」

英二は晩年、自分が一五歳のときに上京し、入学にこぎつけた日本飛行学校で起こったさまざまな出来事をドラマ化しようと考えた。当時は大変な苦労をしたが、後になって思い返せば英二にとって、夢に向かって突き進む輝ける日々だった。それらを一つのストーリーにすれば、必ず面白い話になるに違いない。「ニッポン・ヒコーキ野郎」と題して、いろいろ構想を練り、テレビ局からドラマ化してもいい、との打診も受けていた。

英二はこんなストーリーを考えていた。

大阪の鉄工業を営む商店で働く丁稚見習いの少年・伊藤音次郎は、一九〇三年にアメリカでライト兄弟が初飛行に挑戦したことを知り、飛行機への強いあこがれを持った。

音次郎はたまたま飛行船の事故時に手助けしたのをきっかけに、飛行船技師の大口豊吉と交流するようになる。大口が仕える奈良原三次男爵は、所沢の東京飛行機製作所で「鳳一号」という飛行機を製作していた。この製作所に就職した音次郎は、機体の素材を竹製から変え、エンジンも交換して約六〇メートルの飛行に成功する。

これを機にマスコミも取材に来るが、朝日新聞の相羽記者は特に熱心だった。しかし、飛行機に私財を投入していた奈良原は、夫人からもう飛行機には関わるな、と注意されていた。そこで音次郎、豊吉らは鳳一号で地方巡業し、金を稼いで奈良原を救おうと考えた。

ところが、奈良原は本宅に呼び出され、親戚一同から「これ以上、飛行機に関わったら廃嫡（家督を継ぐ相続権を廃されること）だ」と告げられた……。

まさに自らの体験を映画化しようとしていた。設定は変えてあるが、実在の人物が登場し、かつて自分が入学した飛行学校の校長を新聞記者の名前にしている。

英二は、いろいろなドラマを映像化したいと思っていた。

最後の作品

一九六九年、「日本海大海戦」の撮影が始まった。一九〇四年に開戦した日露戦争を題材に、連合艦隊が当時最強といわれたバルチック艦隊を迎え撃つ日本海海戦をクライマックスとした作品である。この題材は一九五七年（昭和三二年）に新東宝が「明治天皇と日露大戦争」の題名で大ヒットさせ、興行収益記録を作っていた。東宝はすでに他社でヒットした映画と同じ題材に挑み、英二の特撮で迫力をさらに増した作品とする傾向があった。新東宝版では明治天皇に嵐寛寿郎が扮し人気を博したが、こちらでは日本の劇的な勝利となった日本海海戦を中心に描いている。

東宝特撮スタッフにとって、日露戦争の映像化は初挑戦となる。美術スタッフは一〇七隻もの艦船を徹夜作業を続け製作した。旗艦三笠は一三メートルにも及ぶ巨大なミニチュアが用意された。

これまで幾度となく撮影してきた太平洋戦争時期の映画と比べ、日露戦争の時代はまだ爆薬などの技術が発達しておらず、破壊力はさほど強くなかった。そこで爆弾や魚雷の命中シーンではフロンガスで水柱を作り、威力を調整した。また、この時代にはまだ飛行機が実戦配備されておらず、英二得意の空から俯瞰した映像はなく、あくまで地上からの目線だけで各場面が撮影されている。

英二はどの作品においても製作にのめり込み、素晴らしい映像を作り上げていくが、この作品には特別の感情があった。英二が物心ついたとき、日本で最も大きな話題はこの日露戦争だったからだ。戦争に勝利すると、活躍した軍人は英雄として扱われ、教科書に登場したり、最初期の活動写真の題材にもなった。英二が子どもの頃、一番見た活動写真がこの日露戦争だった。それらは稚拙な映像でしかなかったが、幼い英二には印象深く脳裏に焼き付いていた。

完成品の試写会で、英二は映像を見ながら子どもの頃を思い出していた。英二の頭の中には当時の思い出が次々と蘇った。あんなことがあった、こんなことをした……。

忙しい日々に疲れた英二は、そんなことを口に出すようになった。

同年八月、この作品は八・一五シリーズ第三作として封切られた。迫力の海戦シーンは観客を魅了し、この年の興行収入第二位となる大ヒットを記録した。そしてこれが英二にとって最後の作品となった。

英二、倒れる

「日本海大海戦」封切り後、大ヒットに気をよくしていた頃、英二に新しい仕事が依頼された。来年の一九七〇年に大阪で行われる万国博覧会に三菱グループが出展する。三菱のパビリオン・三菱未来館の映像展示を頼まれたのである。映画でもテレビでもなく、まさに未来の仕事である。新分野への挑戦こそ英二の本懐、この申し入れを快諾した。

三菱未来館では映像を三六〇度の視界に映す「サークロマ映像方式」とする予定だった。三菱には、特撮も交えた火山や海底などの映像を、部屋全体がスクリーンとなった劇場で映写したいという希望があった。前人未踏の映像世界であり、英二にしかできない仕事だった。英二は早速、瀬戸内海の鳴戸へ渦潮撮影のためロケーションに出かけた。中野昭慶《てるよし》、富岡素敬ら特撮スタッフらが同行した。

船は渦潮の近くに到着し、準備も整ってカメラが動き始めた。だが、英二の様子がおかしい。表情が冴えないし、つらそうだ。そのうちデッキにもたれかかり、胸を押さえた。中野が慌てて駆け寄るが、英二は手を振り払って平静を装った。

中野は撮影中止を進言するが、英二は聞き入れない。カメラマンの富岡も、撮影をやめて英二のもとに寄ってきた。途端に英二は目を血走らせ、富岡を怒鳴りつけた。

「富岡！　カメラマンがカメラから目を離してどうするんだ！　馬鹿野郎！　しっかり撮れ！」

中野、富岡は観念して撮影を続けた。妥協を知らない英二は、撮影を強行した。

ようやく撮影が終了すると、英二はほとんど失神状態だった。

帰京するとすぐ病院へ直行した。医師の診断は糖尿病が原因の心臓疾患で、かなり危ない状態だった。英二は酒をやめていたが、ストレスからタバコをかなり吸っていた。コーヒーも砂糖をたくさん入れて飲み、まわりから注意されても、「じゃあ、何を飲めばいいんだ」とやめなかった。

英二はしばらく入院することになった。目黒川に面した病院からガラス越しに枯れ葉が舞うのが見える。だいぶ秋も深まった。英二の入院は二か月が過ぎていた。早く帰りたいのだが、医者が許してくれない。

森岩雄が英二を見舞った。だいぶ痩せたが、英二は思いのほか元気で、声は撮影中と同じに聞こえた。

二人はしばらく世間話に興じた。森から具体的な仕事の話はなかったが、英二は退院したらこれをやりたい、あれを始めたいと積極的だ。寝ていても頭の中に次々とアイディアが浮かんでくる。一刻も早く現場に復帰したい。森が来たせいか、英二も饒舌になった。マサノも英二のうれしそうな表情に安堵した。

だが、森の心中は穏やかではなかった。特撮映画は費用があまりにもかかりすぎる。映画がヒットしても、経費が膨大なので利益幅が薄い。東宝内には特撮映画の採算性を問題視する意見が大きくなっていた。そろそろ特撮を打ち止めにしては……という声すらあった。しかし、英二にそれを告げるのは難しい。

各映画会社は、観客の減少に歯止めがかからず、どこも苦戦を強いられていた。大映には倒産の噂も出ていた。日活も石原裕次郎らのアクション映画ではもはや無理だと、路線変更が検討されている。各社で厳しいリストラも行われていた。

病気療養中の英二にこんな話はできない。しかし、森には別な考えも脳裏をよぎった。英二は今まで何度もビックリするようなアイディアを出し、形勢逆転することがあった。戦時中は「ハワイ・マレー沖海戦」があり、戦後は「ゴジラ」の成功もあった。また何か奇想天外なアイディアで、映画界の危機を挽回してしまうのではないか……。

森はわずかな期待を持ちながら帰途についた。

英二は一一月末に退院し、医者の勧めでしばらく別荘での静養生活となった。

長男の一とマサノは主治医に英二の様態について説明を受けていた。

「糖尿病が進行し、危険な状態です。できれば仕事はやめてください」

このとき、一は長く勤めたＴＢＳを退社し、円谷プロに入っていた。ＴＢＳは円谷プロの苦境を熟知しており慰留したが、父親の負担を減らすための選択だった。

時代の終わり

一九七〇年は別荘で明けた。元旦はいつも子どもたちが集まり、賑やかな正月が恒例だったが、夫婦二人だけの寂しい年明けとなった。

英二は思ったように体が動かないことがつらかった。もう六八歳、当然といえば当然だが、自分が老い、以前と同じようには仕事ができないのがいやだった。

正月も一〇日過ぎ、体調もそこそこ回復し、英二はとにかく上京してみようと考えた。身支度を調え、一二日に出発した。

東宝撮影所を訪れた英二は、顔見知りを見つけるや、久しぶりだねと挨拶を交わした。新顔のスタッフは、あれが円谷英二かと、初めて目にする英二をまじまじ見た。

しかし、英二には撮影所に活気がなくなっていると感じられた。全体にどんよりしている。

映画界は苦境のままだった。英二は長く親しんだ特殊技術課の職員たちに、今後の製作方針を聞かされた。これからは低予算の作品を作るか、過去の作品を短縮し、子ども向けのシリーズとして放映するという。彼らの表情も暗かった。

英二もこれには失望した。新しい映画作りができない。自分の居場所がなくなったような気分だった。失意の中、英二は別荘へ帰った。

一月も後半に入った頃の夜、有川に電話がかかってきた。英二だった。

有川は驚いた。何か悪い予感がした。

「どうしたんです、こんな時間に?」

「いや、今、いろいろ原稿を書いていてね……」

英二の話はどうでもいいようなことばかりだった。しばらく話し込んで、電話を切ったが、有川は異常なものを感じた。英二が意味のない電話などかけてきたことはない。仕事の合間を見て、英二を訪ねようと考えた。

九　特撮の死

英二の死

だが、有川が英二の別荘を訪問することはなかった。

一九七〇年一月二五日、英二はこの世を去った。糖尿病による狭心症心臓ぜんそくが死因だった。突然の死は多くの人々を驚かせた。

二七日に通夜が営まれ、二九日にはカトリック成城教会で葬儀が行われた。東宝では、二月二日に藤本眞澄が葬儀委員長を務め、東宝撮影所第二ステージで友人葬を挙行した。特撮関連スタッフのほかに俳優、取引先、円谷プロの人々など大勢の関係者が詰めかけた。

沖縄から飛行機で駆けつけた金城哲夫は弔辞を読み上げ、英二の長男・一と抱き合って泣いた。英二に信頼され、怪獣の着ぐるみ俳優として活躍した中島春雄は、「特撮は死んじまった」と嘆いた。数々の作品を英二とともに作り上げた本多猪四郎監督も弔辞を読み、「もう、この辺が潮時かな」と呟いた。若い時代から英二とともに日本映画界を駆け抜けた稲垣浩は「オレも、もうじきだな」と、その死を悲しんだ。

英二の死は多くの映画人にとってターニング・ポイントとなった。日本政府は英二の偉業を称え、一月三〇日、勲四等瑞宝章の追贈を閣議決定した。

三月一日、東宝は特殊技術課の廃止を決定した。英二のために開設され、戦前から戦後にわたり数多くの特撮作品を世に送り出した特殊技術課は、英二の死後わずか一週間で幕を閉じた。英二亡き後は不必要と判断されたのだろう。一つの時代の終焉を意味していた。一番弟子の有川貞昌や中島春雄など英二と関連の深い人々は、この後東宝を退社している。

三月一五日より大阪で万国博覧会が開催され、三菱未来館で「日本の自然と日本人の夢」が上映された。事実上の遺作となったが、編集途中で英二が亡くなったため、中野昭慶らが完成させた。

英二の死は少年誌などに報じられ、特集も組まれた。子どもたちはそれで特撮の神様が亡くなったことを知った。

夢の続き

英二の死去以降も円谷プロは作品製作を続け、一九七一年からは長男の一が中心となり、「帰ってきたウルトラマン」が製作された。一九七三年、一も若くして死去するが、ウルトラシリーズはそれ以降も継続し、子どもたちを喜ばせた。ウルトラマンはその後「ウルトラ兄弟」となり、現在でも新しいウルトラマンが誕生している。

英二の関わった「ウルトラマン」、「ウルトラセブン」はその後何度も再放送され、子どもたちはそれを楽しみに見た。最初の放送では視聴率が低迷した「ウルトラセブン」も、何度も見られることでそのよさが理解され、ウルトラシリーズの最高傑作と呼ばれるようになった。

一九五四年（昭和二九年）の「ゴジラ」を皮切りに製作された東宝特撮映画も、東京を中心とした各地の名画座で放映され、特に池袋の文芸座ではたびたび特集を行った。自分の生まれる前に発表された特撮映画をここで初めて鑑賞した人も多かった。文芸座はマニアの聖地となった。

一九八〇年以降、家庭用ビデオデッキが普及し、全国にレンタルビデオ店が開店すると、怪獣映画やウルトラシリーズはますます一般社会に浸透した。日本の子どもは幼いとき、必ずウルトラマンを見て育つようになった。それはＤＶＤの時代を迎えても衰えることはない。二〇一一年には白黒の「ウルトラＱ」まで最新技術でカラー化され、ＤＶＤで発売された。

怪獣は海外でも活躍した。日本の怪獣映画は海外でも人気があり、チャンネル数の多いアメリカなどでは祭日に特集が組まれた。アメリカ版「ゴジラ」も製作された。ウルトラシリーズもアジア諸国を中心に人気が出て、中国では「にせウルトラマン」まで登場した。

英二作品は、いつまでも愛され続けている。それは、作品に込められた情熱や愛情がほかの作品とはまったく違うからであり。ＣＧが普及した現在でも、手作りの特撮を愛する人たちがいる。英二の作り出した「円谷ブランド」は、これから生まれる子どもたちにも鑑賞され続けるだろう。

一九九〇年代頃から英二自身にもスポットが浴びせられるようになった。テレビでは時折英二の特集が組まれ、人物像が紹介されたりしたが、人気のある英二を「偉人」と考える人々が登場し、英二はエジソンや野口英世とともに、子ども向け伝記シリーズにその名を連ねるようになった。

英二の故郷須賀川では、一九八七年頃から、当時流行した「町おこし」活動として円谷作品で育った須賀川青年会議所の若者メンバーが中心となり、「ゴジラの里構想」がスタートした。一九九二年には外郭団体「サークルシュワッち」も誕生し、現在まで毎年四月に「ウルトラファミリー大集合」のイベントを開催している。

一九九五年には市民待望の福島空港が市内東部に開港し、須賀川は福島の空の玄関口となる。英二が少年時代、あれほど憧れた飛行機が須賀川の空を飛び、毎日発着するようになった。大阪空港から出発した最初の到着便から、ウルトラマンが福島空港に降り立った。このウルトラマンの「正体」は、サークルシュワッちのメンバーだった。

二〇〇一年、須賀川で「円谷英二展」が開催され、多数の来場者があったが、それ以降、この活動は停滞気味になった。しかし、「ウルトラファミリー大集合」のイベントだけは年々続き、毎年行われる「国際短編映画祭」では、時折特撮関連の作品を上映したり、関係者の講演会なども行われている。

二〇一一年、東日本大震災は須賀川市にも甚大な被害を与えた。地震の震度は六強にも達し、市内中心部の建物がいくつも倒壊した。市内にある藤沼湖のダムが決壊し、洪水で一〇名近い死者を出した。放射能の不安を悲観した農家で自殺者も出た。まさに英二が作品で未来に警告していた事件が発生したのだ。

このとき須賀川市長・橋本克也は立ち上がった。以前から円谷プロに提案されていた構想を実行し、震災被害に苦しむ市民を救おうと考えたのである。須賀川市は「M78星雲 光の国」と姉妹都市を締結、市内のメインストリートにウルトラマンやゴモラ、エレキングなど、お馴染みのヒーローや怪獣が立ち並んだ。市役所の玄関には、巨大なウルトラの父がそびえ立っている。須賀川市民の危機を救うべく、ウルトラマンがやって来たのである。

多くの作品を世に送り出し、「愛」を伝えた円谷英二の作品は、これからも私たちを魅了し続けるだろう。これから生まれる子どもたちも、ウルトラマンを見て、正義とは何かを知ることだろう。英二の魂はいつまでも生きている。「夢の続き」は、これからも果てることがないだろう。

第5部 円谷英二とは

「怪獣大戦争」撮影時（©TOHO CO., LTD.）

特撮の神様・円谷英二。改めて、円谷英二はどのような人物だったのかを検証してみたい。

日本映画黎明期より映画技術の発展に貢献し、次々と飛び出すアイディアで素晴らしい映像を生み出した。特殊技術を発展させ、誰もできない技術を開発し、ヒット作を連発して、誰もが知る映画界の偉人になった。

英二の人生を簡略に示すと以下のようになる。

英二は小さい頃に飛行機に憧れ、無理をいって飛行学校に入学するが、教師の墜落事故死によって挫折を余儀なくされる。その後、おもちゃの製造で天才的な力を発揮し、大金を得る。そのお金で散財した花見の席で映画技術者に出会い、大きな影響を受ける。兵役後に実家へ帰るも、家業を継がず映画界へ飛び込む。映画技術を開発するものの会社とは対立が続き、ようやく理解者を得て特撮作品を発表する。戦争映画で認められるも敗戦で公職追放となり、辛酸をなめるが、「ゴジラ」の大成功で特技監督になる。

以降、特撮映画の専門家になるが、マンネリを感じて円谷プロを設立し、テレビの世界でヒットを連発するも、採算を考えず次第に赤字になる。激務と不摂生の果てに最後は健康を害し、六八歳で亡くなる。

このように事実を並べると、まったく順風満帆とはいえず、多くの挫折を経験した紆余曲折ある人生といえる。また、成功を収めてもそれに満足することなく、新しい世界へのチャレンジが始まる。自ら選んだ道ではあるが、気の休まる暇もない人生だったことがわかる。波乱の生涯といえるかもしれない。

映画技術への貢献

一般に英二は「特撮の神様」といわれ、「ゴジラ」など怪獣、SF映画の専門家という印象が強い。しかし実際は特撮に限らず、各時代にさまざまな映画技術を開発し、日本映画界の発展に寄与して、映画技術向上のために貢献してきた。特撮映画はその延長線上に位置するものである。

もともと物作りに天賦の才を持った英二は、師・枝正義郎に映画技術とともに最初期の特撮などを指導され、海外作品と比較して日本の映画が遅れていることを知った。いずれ海外に追いつきたいという枝正の意志をくみ、自らの才能を生かして技術開発に傾倒していく。

最初期には嵐のシーンで大型扇風機を開発したり、映写用のアーク・ランプを撮影で使用するなどのアイディアを生かし、その後もカメラが自由に動かせるパン棒を開発したり、雨天になるたび遅延するロケ撮影をスタジオでできるよう、ホリゾントの開発にも力を注いでいる。平板な映像にするまいと、いろいろなアングルから撮影するため、木製、鉄製のクレーンも自作した時代があった。

映画が音つきになったトーキー時代が訪れると、多くの映画人が撮影に苦労し、失敗作も相次いだが、ここでも英二は力を発揮してトーキー映画の製作に尽力した。

スクリーン・プロセスやオプチカル・プリンターなど画面合成の技術研究を長年にわたって続けたが、こういった技術開発については映画会社に理解がなく、英二は自費で研究を続けるしかなかった。

日独合作映画「新しき土」の頃にスクリーン・プロセスはほぼ完成し、以降の作品に頻繁に使用された。これにより、撮影が天候に左右されることがなくなり、多くの映画人が助けられた。戦時下には精巧なミニチュアによる撮影技術が完成された。戦後それが「ゴジラ」で花開くことになる。

特撮が主役の怪獣映画でなくても、どんな映画にも撮影が難しいシーンがある。嵐の場面、船の上、危険な場所での撮影などには特撮が使用され、俳優らに危険が及ばぬよう工夫された。特撮はいろいろな映画に使用されている。

このように、怪獣、SF映画に限らず、特撮はほとんどの映画に必要な技術である。もし、「ゴジラ」の企画がなかったら、英二はずっと縁の下の力持ちで終わっていたかもしれない。特撮映画の成功により、英二も含め、特殊技術陣全体に光があたることになった。それにより、日本映画の水準全体が上がったともいえる。

苦手な人間関係

英二は少年時代から物作りに励み、大変な才能を発揮した。ほかの子どもたちがみんなで外で遊び回っていた頃も、いつも机に向かってコツコツ何かを作り、群れて仲良くすることは少なかった。そういう性格が後々まで続き、人間関係が得意でなかった面もあった。

人生全般を見ても、それほど親しくしている人が多かったとは思われない。英二の優れた才能を見抜き、面倒をみてくれた人にさえも、英二はさほど心を開くことはなかった。最も親しかった鷺巣富雄も、「ボクの見たところ、サラリーマンプロデューサーに対して決して本心を打ち明けなかった様子が窺える。田中友幸、藤本眞澄、もっといえば森岩雄に対してすら円谷英二は心底を明かさず、いざというときは沈黙してテヘラテヘラと肝の中で笑って消え入る態度を取っていた」というほどである。

それは映画製作における姿勢にも感じられる。特撮映画を製作するには大勢のスタッフを必要とし、それぞれが自分の役割を受け持っている。それゆえ頂点に立つ者は優れたリーダーシップを発揮しなければならないが、英二が先頭に立って采配をふるい、役割分担をきちんと行って効率よく現場を仕切っていたとはいえない。自分の方針を打ち出し、後はそれぞれにプロとしての仕事を要求した。職人かたぎというか、効率的なやり方とは思えないが、それを補って余りある英二のカリスマ性でスタッフを引きつけていたのだろう。こういったタイプは妥協を最も嫌う。適当にすませようという発想がない。強いプロ意識とも相まって、優れた作品を作り上げていく職人としての仕事を常に行っていたのだろう。

英二の映画人としての姿勢は、映画界を渡り歩いていく中で形成されたものでもあった。英二の考えはなかなか会社側に理解されなかった。各映画会社も独創的な作品を作らせる気概がなく、理解者が少なく、裏切りも多かった。それならばと自分の道を進んでいくしかない。戦前の京都時代ならともかく、「ゴジラ」で成功した以降も東宝を離れようとしたり、そのあまりに独立独歩の姿勢はほかの人々には理解不能な面もあったと思われる。

一九三六年、人気絶頂の市丸を主演にした「小唄礫　鳥追お市」を監督した。カメラマンとして熟達した腕を持つ英二だが、役者の演技を光らせる演出はうまくなかった。結局、劇映画監督作品はこれ一作だけに終わり、それが特撮の方面を目指す一因ともなった。演出をうまくできないのは、人間関係が上手でない英二の性格と関連しているとも思える。人間の心の機微を描けない。繊細な表現ができない。ただ、その分技術を生かす点では天下一品だった。もっとも、本人は演出にずっと未練があり、「太平洋の嵐」撮影の際には松林宗恵監督に頼み、一部を自分が演出している。松林監督は「全然なってない。やらせるべきではなかった」と後悔していた。

そういう英二も晩年は故郷の同窓会などにはできるかぎり出席し、幼なじみとの旧交を深めた。

訛り

英二は、上京しても訛りはとれず、それがイジメの原因にもなった。

一般に宮城、福島、栃木北部、茨城北部地域の訛りは「ズーズー弁」などと呼ばれ、共通語とはかなりイントネーションが違い、なかなか直らない。お笑いコンビのU字工事の話し方がまさにそれである。英二の場合、ボソボソと小声で話すので、聞く側にはわかりにくかった。

これが山形、岩手、秋田、青森まで北上すると方言自体はさらに強くなるが、上京して慣れれば共通語もスラスラと話す。

後年、英二が話す姿を映した映像などを見るかぎり、やはり訛りがとれず、生涯そのままだったようだ。本人も話が伝わりにくいのを多少気にした時期があり、テープレコーダーで自分の話し声を録音し後で聞いたところ、「これはわかりにくいねえ」と自分でも呆れたりした。

円谷英二の思想

優れた特殊技術を持つ英二は、どのような思想を持っていたのだろうか。

戦時中、英二は熊谷の陸軍飛行学校へ通い、新兵用マニュアル製作を行った。その後、「ハワイ・マレー沖海戦」のような戦意高揚映画に関わったが、製作過程では何度か軍部との衝突があり、あまりいい印象を持っていなかった。

また、戦後の東宝には共産党系の労働組合が結成され、大きな力を持ったが、長く映画製作ができなくなり、英二はこれに反発してスト破りを行っている。このときの衝突も、英二にとってはかなり不愉快な出来事だった。

このような経験をした英二は、民主社会党（民社党）を支持していた。

一九六二年五月一八日付の民社新聞は、記者が東宝の特殊技術課を訪れ英二のインタビューを行った記事を載せている。その中で英二は、「私は自民党にも不満があり、社会党にも不満です。民社党がやはり一番ピッタリする」と述べている。英二は権謀術数にまったく長けておらず、思ったことをそのまま話す人物だったので、このような記事が出たのだろう。

ただ、本気で民社党を支持していたかといえば疑問が残る。英二が政治活動を行った記録は見ないし、そのような話も伝わっていない。戦中はミリタリズムに辟易し、戦後はストでぶつかったから、「中間」がいいという程度のものだったと推測される。英二は物へのこだわり、物理的に見える物への執着は著しく、素晴らしい映像、作品を作る情熱は人一倍強かったが、政治にはさほど興味、関心がなかったようだ。

戦前、戦後を通じ、英二の部下が他社に引き抜かれたりしたが、英二はそれを強く引き留めたり、恨みに思ったりすることはなかった。一方、円谷プロ設立の際は、他社社員でも平気でスカウトした。一度英二のもとを去り、また戻ってきた部下を何もいわず許したとき、「心の広い人だ」と感心されたが、実はそうではなく、所属する会社へのこだわりがなかった、ということだろう。自分はいつでも独立独歩、自由人であり、他人にもそのように接したのだろう。

厳しいプロ意識

英二は、家業を捨てて飛び出した二度目の上京後、映画で成功しなければならない状況となった。京都へ行き、日々技術を磨いて一流のカメラマンとなり、以降、前人未踏の技術を次々開発している。この青年期に厳しいプロ意識が磨かれている。

晩年、若手の撮影助手らがボールを上空に投げ、それを落ちるところまでカメラで撮影する練習をしていた。英二がやってみると、ボールはいつもフレームの真ん中にあった。ほかの人にはなかなかできない。その腕前にはみんな感心していたという。

東宝怪獣映画最大のヒット作「キングコング対ゴジラ」撮影の際、ラストシーンで両怪獣が崖から海へ抱き合ったまま転落する際、カメラマンの富岡は、丘の上に立つ城がレンズに入るよう撮影しろと支持された。しかし怪獣が落ちていくシーンで、そのずっと上にある城まで入れるのは至難の業だった。それは難しいというと、英二は「なんとしてもやれ」という。撮影に入ったが、富岡の感覚では城は入っていないと思われた。「入れられませんでした」というと、英二は涙をこぼして怒った。「なんでダメだったんだ！」しかし、現像したフィルムには城が入っており、事なきを得た。英二には映像への極端なこだわり、猛烈なプロ意識があった。

「ウルトラマン」の試写を見ていたとき、画面の端にスタジオの足場がチラリと見えた。

「あれは何だ？」

英二が聞くと、助監督が「だいじょうぶです。テレビでは映りません」と答えた。確かにテレビの画面には映らない場面である。しかし英二は怒った。

「おまえは何をいってる！　こんなみっともないものを誰に見せられる！」

結局、撮り直しとなった。テレビで実際に映ろうが映るまいが、英二はあくまでプロとしての仕事を要求した。

映画でもテレビでも、気に入らない場面は何度でも撮り直しを命じた。「ウルトラマン」、「ウルトラセブン」の各回が完成し、試写の際はスタッフがいつもピリピリしていたという。あまりにも妥協を知らない英二の姿勢に嫌気がさし、会社を辞めた職員もいた。英二の前には採算とか、人間の体力とかは関係ない。とにかくいい映像を作る、満足するものを作る一心だった。

こうしたプロ意識は、日本の映画技術を最初期から支えたプライド、自分ができなければほかには誰もできないという自負が支えていたのだろう。どんな企画を出されても「できるよ！」と答え、実際どのような場面でも映像化した。

また、英二の作り出す映像世界はリアルな現実を表現するのではなく、人が見たいと思うものをよりそれらしく見せる、いわばデフォルメしたものだった。誰もが頭に描く理想の姿を具現化することで、多くの人々に受け入れられたのであり、そうそう人にマネのできる技ではなかった。

そんな英二が後年著しく多忙になったことは、自らの生命をも縮める結果となった。映画界では特撮映画の製作本数を増やし、さらにテレビでは円谷プロの作品が作られる状況では、気の休まるヒマもなかったに違いない。それでも作品の質を落とさず、文字通り心血を注いで優れた映像を作り出していった。厳しいプロ意識が英二の映画人生を支えたといえる。

金銭感覚のなさ

英二は生涯を通じて金銭感覚に乏しい人物だった。

子どもの頃、大金を出させて飛行学校に入り、映画界でも「宵越しの金は持たない」などといわれていた。同僚に借金することもあったという。結婚後は、給料が出ると同僚らに奢り、一日で使ってしまうことが多く、給料日にはマサノ同伴で受け取りに行くようになった。「ゴジラ」成功後も電化製品には目がなく、洗濯機、冷蔵庫など新製品を次々と買って家族を困らせた。マサノが目を光らせていたが、英二の「もの」へのこだわりはどうしようもなかった。円谷プロ設立後も高額なオプチカル・プリンターの購入を独断で決定し、大変な騒ぎになっている。テレビ作品製作でも何度も撮り直しを命じたため、赤字がふくらむ一方だった。英二の頭の中に「採算」という言葉はなかったのかもしれない。

こういう英二の性格は、何が原因だったのだろうか？　まず、裕福な家に生まれ、子どもの頃からかわいがられ、あまり金に困らなかったことがあるだろう。さらに若い頃、おもちゃ会社で英二のアイディアが当たり、一気に大金を手にすることもあって、コツコツと金を貯めるような習慣が身につかなかったのだろう。後年、「円谷プロダクション」を設立したのも、立派な会社にして利益を得ようなどとは考えず、自分が望む作品を作りたい一心だったようだ。会社経営とは真逆の発想である。

しかし、英二は金にだらしなかったわけではない。映画技術の開発は会社に頼らず、自分で捻出した時期もある。要するに自身の夢、素晴らしいものを作りたいという願望が、誰もが持ちがちな「金持ちになりたい」とか「贅沢な生活をしたい」という世俗的な欲望を超えていたのである。ただ、採算性を無視して作られた数々の傑作は、半世紀を過ぎた今日でも多くの人を喜ばせている。もし、英二が予算内ですべての作品を製作していたら、私たちが今日までそれを見ていることはなかっただろう。採算を度外視して作品作りをする姿勢こそ、英二を英二たらしめたのである。

子ども好き

英二の性格としてよく知られるのが「子ども好き」である。「モスラ」が上映された頃、怪獣好きの小学生が交通事故で亡くなる悲劇があった。その情報が英二に届くと、英二は粘土で怪獣の人形を作り、涙をこぼしながら仏壇に捧げた。

英二本人は怪獣にマンネリを感じ、怪獣ばかり作る監督と思われるのを嫌っていた。ところが子どもはその怪獣が大好き——この事実は英二の映画製作観に影響を与えていく。

一九六五年の「怪獣大戦争」では、子どもにウケるから、という理由だけで当時流行の漫画「おそ松くん」の登場人物、イヤミの「シェー」というポーズを何度もゴジラにやらせた。当時は円谷プロ設立で忙しく、本人ももはや興味を失っていたゴジラ作品では、子どもにいかにウケるかしか頭になかったかもしれない。以降、英二はゴジラを直接演出することはなかった。

英二の弟子・有川の息子の潤が子どもの頃、父親が東宝で怪獣を撮影していることが知られると、友人たちに「ぜひ撮影しているところを見せてくれ」とせがまれた。父親を拝み倒して許可をとり、友人たちと東宝撮影所に行ってみると、待っていたのは有川でなく、英二だった。

子どもたちに一通り撮影所の様子を見せ、お昼になると蕎麦屋に連れて行き、「なんでも好きなものを食べなさい」という。撮影所に戻ると、小道具の部屋に連れて行き、ミニチュアの戦車や車を一人一人に渡し、「はい、これはおみやげ」とプレゼントした。子どもたちは「特撮の神様」のあまりの歓迎ぶりに喜ぶより、むしろ唖然とした。

潤はたびたび撮影所にやって来た。ある日、ゴジラに自衛隊が一斉に発砲する場面を撮影していた。火薬のスイッチがセットの台の上にあり、潤はそのスイッチを入れてしまった。カメラが回っていないところに花火がどんどん発射される。潤はおびえた。えらいことをしてしまった、という自覚はあった。

「はい、やり直し」

英二は淡々と命じた。

父の有川は烈火のごとく怒り、さっさと帰れといった。しかし、英二は火薬のセットのやり直しをしている間もじっと待っている。少しも怒っている様子はない。

準備完了の声が火薬担当からかかると英二は立ち上がり、ゆっくり潤に歩み寄った。

「いいか、もういじっちゃダメだぞ。そこで見てなさい」

英二の心は、ずっと子どもの頃と変わらなかった。六〇歳を過ぎても、やりたいことはやる、こうと思ったらとことんやる。ダメなことは絶対譲らない。大人の駆け引きはまったくできない。理解者はたくさんいたが、心を許せる友人はほとんどいない。妥協せず、自分の道を進むだけ。

そんな英二が心を許せるのは、純真な心を持った子どもだけだった。子どもたちは自分を慕ってくれる。自分の作品を喜んでくれる。晩年、英二の作品は子どもに向けられたものが多くなった。子どもがいやがるもの、残酷なものは極力避けた。

この頃、英二は雑誌の取材で、子どもに夢を持たせるにはどうしたらいいかと聞かれ、このように答えている。

「子供が本当に好きで、やってみたいということを、親が経済的理由やなんかで押さえちゃだめだということですね。むしろその夢を育てる方向に導いてやらねばならない。やりたいということは多少無理をしてもやらせるべきです」

それは、まさに英二自身が受けた恩恵であり、自らが歩いた道だった。

愛情が育てた「円谷英二」

英二はなぜ「特撮の神様」になったのだろうか？

それは、周囲の深い愛情と理解があったからだろう。おばあちゃん子だった英二は無理をいって飛行学校に入れてもらい、挫折してからも叔父・一郎が何かと心配し、面倒をみている。映画界では、師・枝正義郎が英二の能力を見抜き、何かと目をかけてくれた。

映画界に戻ってからも、かつての同僚たちに励まされ、結婚すると妻・マサノが英二を見守った。映画界でも英二の最大の理解者・森岩雄がいた。英二が今でいうイジメにあったときも、特殊技術課を開設して英二を課長にした。特撮の道を開いたのは紛れもなく森である。

「ゴジラ」の本多猪四郎監督も英二を支えた一人である。特撮の重要性を理解し、英二のよさを最大限に引き出した。

このように、英二は多くの人々の愛情、理解、支えによって「特撮の神様」になりえたのである。英二の関わった作品に何かしらほかとは違う、特別なものを感じるのは、英二がいろいろな人々から受けた愛情を、作品の中で昇華させたからではないだろうか。心の中にずっと持っていた愛情を、作品に散りばめて発表したのではないか。それがなければ、英二も凡百な映画人の一人として終わっていたかもしれない。

古くからの商家が並ぶ須賀川では、子どもは未来を担う存在として大切にする伝統があった。私自身、子どもの頃には実家からも、周囲からもすごく見守られて育った記憶がある。英二が大事に扱われたのもわかる。英二は子どもの頃から模型作りや水彩画などで力を発揮し、それを周囲に賞賛されていた。能力を発揮すれば認められる――そういう認識と自信を子どもの頃から持っていた英二は、映画界入りしても実力を発揮できたのではないだろうか。

昔は多少変わったところがある子どもがいても、社会全体に余裕があり、それを認める度量を人々が持っていたように思う。ところが、現在は些細なミスでも厳しくつつく不寛容な社会となっている。これでは、優秀な能力を秘めた人物を最初からだめにしてしまうだろう。世界を動かすのはいつでも新しい技術を思いつくイノベーターである。要領だけで生きる人間は所詮、ほとんど社会の役には立たない。「忖度」にあふれた現代社会には、もはや英二のような人物が生きる空間はないのではないかと不安になる。

新しい時代を切り開く能力を持つ人を育てるのは、その人を温かく包み込む「愛情」であると思う。英二の生涯を鑑みれば、それがよく理解できる。愛情のない世界はいずれ崩壊する。「特撮の神様」を育てたのは紛れもなく「愛情」であった——そのことを確認し、この評伝を閉じることとしたい。

参考文献

荒山彰久『日本の空のパイオニアたち――明治・大正18年間の航空開拓史』早稲田大学出版部、二〇一三年
有川貞昌著・田端恵編『有川貞昌　ゴジラの息子と円谷英二』洋泉社、二〇一八年
犬塚稔『映画は陽炎の如く』草思社、二〇〇二年
上原正三『金城哲夫　ウルトラマン島唄』筑摩書房、一九九九年
うしおそうじ『昭和漫画雑記帖』同文書院、一九九五年
うしおそうじ『夢は大空を駆けめぐる――恩師・円谷英二伝』角川書店、二〇〇一年
奥村賢編『映画と戦争――撮る欲望／見る欲望』森話社、二〇〇九年
川北紘一『特撮魂　東宝特撮奮戦記』洋泉社、二〇一〇年
衣笠貞之介『わが映画の青春――日本映画史の一側面』中公新書、一九七七年
『キネマ旬報』キネマ旬報社、一九二六年一〇月号
『キネマ旬報』キネマ旬報社、一九二七年三月号
『キネマ旬報』キネマ旬報社、一九三六年四月号
『キネマ旬報』キネマ旬報社、一九四〇年六月号
『キネマ旬報』キネマ旬報社、一九五四年一二月号
『キネマ旬報』キネマ旬報社、一九七九年一二月上旬号
『キネマ旬報増刊　日本映画作品全集』キネマ旬報社、一九七三年
『キネマ旬報増刊　世界映画人名事典　監督（外国）編』キネマ旬報社、一九七四年
『キネマ旬報増刊　日本映画監督全集』キネマ旬報社、一九七六年

『キネマ旬報ベストテン80回全史――1924-2006』キネマ旬報社、二〇〇七年
切通理作『本多猪四郎――無冠の巨匠』洋泉社、二〇一四年
小松崎茂監修『怪獣大全集4　怪獣の描き方教室――きみもさし絵画家になれるぞ（復刻版）』復刊ドットコム、二〇一四年
鷺巣富雄監修・堤哲哉編著『マグマ大使パーフェクトブック』白夜書房、一九九九年
佐藤忠男『日本映画史　第一巻』岩波書店、一九九五年
佐藤忠男『日本映画史　第二巻』岩波書店、一九九五年
佐原健二『素晴らしき特撮人生』小学館、二〇〇五年
清水晶『戦争と映画――戦時中と占領下の日本映画史』社会思想社、一九九四年
白石雅彦『「ウルトラマン」の飛翔』双葉社、二〇一六年
白石雅彦『「ウルトラQ」の誕生』双葉社、二〇一六年
白石雅彦『「ウルトラセブン」の帰還』双葉社、二〇一七年
高槻真樹『戦前日本SF映画創世記――ゴジラは何でできているか』河出書房新社、二〇一四年
田中純一郎『秘録・日本の活動写真』ワイズ出版、二〇〇四年
円谷英二監修『怪獣大全集1　円谷怪獣のひみつ――ゴジラからゴロザウルスまで（復刻版）』復刊ドットコム、二〇一三年
円谷英二著・竹内博編『定本円谷英二随筆評論集成』ワイズ出版、二〇一〇年
円谷一編著『円谷英二――日本映画界に残した遺産（復刻版）』小学館、二〇〇一年
円谷英明『ウルトラマンが泣いている――円谷プロの失敗』講談社現代新書、二〇一三年
東宝ゴジラ会『特撮円谷組――ゴジラと、東宝特撮にかけた青春』洋泉社、二〇一〇年
鴇明浩・京都キネマ探偵団編『京都映画図絵――日本映画は京都から始まった』フィルムアート社、一九

九四年
「特撮の匠」取材班編『特撮の匠――昭和特撮の創造者たち』宝島社、二〇一七年
中島春雄『怪獣人生――元祖ゴジラ俳優・中島春雄』洋泉社、二〇一〇年
成田亨『真実――ある芸術家の希望と絶望』成田亨遺稿制作委員会、二〇〇三年
成田亨著・滝沢一穂編『特撮と怪獣――わが造形美術』フィルムアート社、一九九六年
2001円谷英二生誕100年記念プロジェクト監修・「素晴らしき円谷英二の世界」編集委員会編『素晴らしき円谷英二の世界――君はウルトラマン、ゴジラにどこで会ったか』中経出版、二〇〇一年
平井正『ゲッベルス――メディア時代の政治宣伝』中公新書、一九九一年
廣澤榮『日本映画の時代』岩波現代文庫、二〇〇二年
古川隆久『戦時下の日本映画――人々は国策映画を見たか』吉川弘文館、二〇〇三年
『別冊映画秘宝　戦艦大和映画大全』洋泉社、二〇一〇年
『別冊映画秘宝　モスラ映画大全』洋泉社、二〇一一年
『別冊映画秘宝　東宝空戦映画大全』洋泉社、二〇一一年
『別冊映画秘宝　初代ゴジラ研究読本』洋泉社、二〇一四年
『別冊宝島　映画宝島2　怪獣学・入門！』JICC出版局、一九九二年
本多きみ『ゴジラのトランク――夫・本多猪四郎の愛情、黒澤明の友情』宝島社、二〇一二年
武藤昌義『須賀川の今昔』サンケイ新聞社、一九七八年
森岩雄『私の藝界遍歴』青蛙房、一九七五年
山本弘『あなたの知らない「レトロ特撮」の素晴らしき世界』洋泉社、二〇一七年
渡邉武男『円谷英二と阪妻そして内田吐夢――知られざる巣鴨撮影所時代の物語』西田書店、二〇一四年
渡邉武男『巣鴨撮影所物語――天活・国活・河合・大都を駆け抜けた映画人たち』西田書店、二〇〇九年

あとがき

「はじめに」で述べたように、私は円谷英二の実家、大束屋から三〇メートルほど北にあるクリーニング店に生まれた。四歳のとき、「モスラ対ゴジラ」という映画を見て完全に怪獣に魅了された。

ここまでは、日本中に似たような経験をされた方々がたくさんいるだろう。私が違っていたのは、「これを作ったのは須賀川の人で、円谷英二という」と聞いたことだった。しかも、近所に家があるという。「円谷」という名字の人は須賀川にはたくさんいて（読み方は「ツブラヤ」と「ツムラヤ」とがある）、めずらしいものではない。英二の実家、大束屋と私の家とは昔から交流があり、大束屋には同い年の円谷誠君がいて、すぐ仲良しになった。また、父親も祖父もなぜか怪獣に大変理解があり、新しい怪獣映画が上映されるとそのつど連れて行ってくれた。

テレビで「ウルトラQ」が放送開始されたときはうれしかった。映画館でしか見られなかった怪獣が、これからは毎週テレビに登場する。感激して毎週日曜日を楽しみにしていた。

やがて大学に通うため上京すると、東京では池袋の文芸座を中心に、名画座で特撮映画をやっている。私は足繁く通い、自分が生まれる前の映画まで見た。観客は自分と同じくらいの年齢の人が多く、特技監督・円谷英二のテロップが出ると、ひときわ大きな拍手を送った。二〇歳くらいになっても、かなりのファンがいるものだと思った。

八〇年代になると、須賀川市で町おこしの一環として「ゴジラの里構想」がスタートした。須賀川の生んだ特撮の神様、円谷英二を町おこしの題材にしようという試みだったが、この町で円谷英二に一番詳しいのは私（単にたくさん作品を見ていただけだったが）ということで、青年会議所（ＪＣ）にも入会し、活動を始めた。

しかし、特撮ファンには名前の知れ渡っている円谷英二は、その人生の営みや人となりについてほとんど情報がなかった。この頃から円谷プロの方々とも交流が始まったが、特にそれらしき書籍も冊子もないという。町おこしをするのに、本人がどんな人だがわからないのは問題だ。そこで私は毎月のＪＣ定例会にいろいろ情報を集めた冊子を作り、会員の啓蒙活動を行った。青年会議所には特撮映画を見ていない人もいて、私は理事長にお願いして上映会を行ったり、英二に関する情報をできるだけ提供したりした。

啓蒙活動が功を奏したのか、私は会津若松市の出版社から「本を出してみないか」と提案された。今まで本など書いたことがなかったが、こんなチャンスもないと思い、初めてまとまった書籍を書いた。一九九四年、『翔びつづける紙飛行機――特技監督　円谷英二伝』と題された円谷英二伝が刊行され、出版記念パーティーには当時、円谷プロ社長だった円谷皐氏にも出席いただき、歌まで歌っていただいた。

ただこの時点での私の知識では、満足できる内容にするべくもなかった。竹内博著『円谷英二の映像世界』と、円谷誠氏から聞いた情報や過去の手紙、それに作品を見た自分の感想などで構成したにすぎない作品だった。まだまだ不十分な内容だった。唯一の売り物は、誠氏から借りた英二と叔父の一郎の手紙を出版社の歴史春秋社によって判読していただき（旧仮名遣いなど私たちには読解困難な手紙だった）、まだ一〇代の英二が進路について思い悩む姿を紹介できたことだろう。

『特撮の神様と呼ばれた男』の発表

しかし、この頃から円谷英二研究が本格化した。青年会議所活動を通じ、英二が関係した戦前作品のビデオを手に入れたり、ゆかりの方々にお会いして直接お話をうかがう機会が増えた。

ピープロの鷺巣富雄氏、無声映画時代を英二とともに過ごした犬塚稔氏、当時はまだ円谷プロにいた満田稔氏、英二の弟子の有川貞昌氏、戦争映画の大家・松林宗恵氏、須賀川で開催された特撮体験実習に来てくれた中野昭慶氏、英二の三男の粲氏、英二と大束屋の深い結びつきについて語っ

鷺巣富雄氏

犬塚稔氏

有川貞昌氏（以上、筆者撮影）

てくれた円谷イヨ子氏といった方々は、円谷英二についてさまざまなことを本当によく教えてくれた。

犬塚稔氏は、お会いした時点で九七歳だったが、お元気なのには驚いた。大昔の英二の話を聞いて大変参考になった。犬塚氏からいろいろお聞きした頃から、もう一度英二伝を書きたくなってきた。

鷺巣富雄氏とは最も深く接した。最初はこちらからお話をうかがいに行ったが、鷺巣氏も須賀川にやって来たことがある。鷺巣氏は戦前、須賀川出身の影山重雄という人が上司にいて、大変世話になったという。円谷家を訪問した際、偶然写真を見つけ、影山氏の実家の仏前にお参りすることができた。そのお礼にと、当時小学一年生だった息子にピープロのソフビ人形を大量に送ってくれた。私は感激して礼状を送り「このような貴重な品を子どもにはあげられない。大切に保存いたします」と感謝の弁を述べたが、翌週、まったく同じものがまた送られてきた！　鷺巣氏は、「お子さんにもあげたいので」と述べられた。私は鷺巣氏のあまりの親切に感激した。のちに鷺巣氏も円谷英二伝を上梓されたが、そのときは私も協力した。

このような出会いにも恵まれて情報がたっぷり集まり、私は新しく円谷英二伝を発表すべく出版社を探した。すると、アートンという出版社の方から打診があり、私も文章を書き進めていった。

完成した文章は、二〇〇一年、『特撮の神様と呼ばれた男』のタイトルで刊行された。この年は円谷英二生誕一〇〇周年にあたり、須賀川市でも円谷英二展などのイベントが開催された。これには私もキャプションで協力したが、この余勢を駆り、歴史春秋社から子ども向けの絵本、『ものがたり『円谷英二』も上梓した（私は文章のみ担当）。

この後はしばらく本業の方に専念し、円谷ワールドから離れていた。私は本文に登場する鈴木正吉が創業したクリーニング会社の三代目だが、二一世紀のクリーニング業界はブラック企業が支配する世界となっていた。「ウルトラマン」、「ウルトラセブン」をセリフを覚えるほど熟見し、正義の真髄をたたき込まれた私は、卑劣きわまりない、悪魔のようなブラック企業の所業にムラムラと闘志が湧き上がり、以来、ブラック企業と闘う日々を送っている。嘘のような話と思われるかもしれないが、こんなやりがいがある仕事はない。社会正義を遂行できるのは素晴らしい。自分がウルトラマンのように社会悪と闘えるのは、信じられないくらいの快感がある。もし、その辺を詳しく知りたい方がいたら、拙著『クリーニング業界の裏側』（緑風出版）を参考にしていただきたい。

「大空の夢」出版のきっかけ

その後、円谷英二やそのキャラクターに関する書籍などは断続的に出版され続けた。日本の子どもは成長過程でほとんどがウルトラマンを見て育つ。どの時代にも需要はあるので、時折そんな本が出てくるのだ。

近年は子ども向けの伝記シリーズの中に、野口英世やエジソンと並び、円谷英二が登場することが多くなった。大変けっこうだが、こういった書籍の参考文献にはたいてい私の本が載せられている。

円谷英二研究では竹内博氏が第一人者だが、氏の書籍はどれもマニア向けで価格も高く、資料集といった趣が強い。一般の人には馴染みにくい。そこで私の本、特に『特撮の神様と呼ばれた男』がたびたび利用されているのだと思う。

しかし、のちに事実ではないとわかった部分も引用される。たとえば英二が二三歳で再び上京するとき、『翔びつづける紙飛行機』には「米を買ってくるといって家を飛び出した」と記載している。使用人が何人もいる大きな商家で、男性の英二が米を買いに行くとは考えにくい。これは当時の聞き取りミスで、現在では本書で東京から実家に宛てた手紙を紹介しているとおり、使いを頼まれてそのまま家を出た、と見ていいだろう。ところが、何度もこの部分が引用されている。これは私としては頭の痛い問題で、引用されているのを見つけるたびにいやな気持ちになる。

二〇一四年、BS朝日の番組で円谷英二特集が放送された。この中で私が少しだけ解説を加えたが、テレビスタッフから「鈴木さんの本はものすごく高い値で取引されている」といわれた。実は『翔びつづける紙飛行機』の歴史春秋社も『特撮の神様と呼ばれた男』のアートンもすでに倒産しており、本を手に入れるには古本サイトなどで中古品を探すしかない。そこで、ときにかなり高い値段がつくようだ。

『特撮の神様……』を定価よりはるかに高く買った方の書評などを読んでいて、私は申し訳なく思った。そして、子ども向けの伝記がたびたび出ているのに、その基となるような本来の伝記が普通に買えないことに問題があると考えた。そこでもう一度、円谷英二伝を上梓しようと計画した。

東日本大震災以降、須賀川市には街中にウルトラマンや怪獣が立ち並び、二〇一九年には市民交流館ＴＥＴＴＥの最上階に、いよいよ円谷英二ミュージアムがオープンする。タイミング的にも望ましい。故郷の偉人・円谷英二をより知っていただくことができれば幸いである。

『特撮の神様……』から一七年が過ぎた。この間に知りえた新しい情報もあるし、近年は「マニア本」といえるような特撮関連本がたくさん出版されている。それらも参考にしながら、文章を作成した。

本書作成にあたっては、円谷英二という大変特色のある人生を送った人物を追い、単なる事実の羅列ではなく、できるだけその心情を描き、本人の心の動きが前面に出るよう工夫して進めた。また、あまり時代が行ったり来たりしないよう、できるだけ年代ごとに記載するようにした。

特撮映画や円谷英二に関するここ一〇年くらいに発表された書籍については、子ども向けのものか、極端なマニア向けのムックかのどちらかである。そこで、ここでは一般の方々が日本の偉人の一人として読めるよう、できるだけスタンダードな内容となるようにした。愚直でいいから、他の偉人と同じように、円谷英二という人はこんなことをして、こんな人生を送った、という評伝として通用する本を完成させるべく努力した。

円谷英二の人生は、故郷、須賀川との関わりが強い。その点では英二生誕の地からわずか三〇メートルの立地で育った私に地の利がある。それを生かしたつもりである。

ともあれ、特撮の神様・円谷英二がこれからも多くの方に愛され、その作品がいつまでも多くの人々の鑑賞されることを願ってやまない。

市民交流館ＴＥＴＴＥは多くの予算がかけられた大変立派な施設であり、開館の暁には大勢の方が見学するだろう。これを、ただ怪獣を並べ、ゆかりの品を展示するだけの「形だけのもの」にしてはならない。円谷英二をきちんと説明できるものでなければならない。「仏作って魂入れず」では困るのだ。そういうつもりで本書を作成したが、英二の言葉を借りれば、「子どもが見ているんだから……」、よりよいものとなるよう、期待したい。

なお、本書作成にあたっては、株式会社大月書店様、現在の大東屋当主で幼なじみの円谷誠氏、インタビューを受けていただいた多くの方々にご協力いただき、大変お世話になった。心から感謝申し上げたい。

二〇一八年一二月五日

鈴木　和幸

著者
鈴木和幸（すずき　かずゆき）
1959年，福島市須賀川市生まれ。実家は英二の生まれた大束屋から30メートルほどの100年近く続くクリーニング店。現在，株式会社セルクル代表取締役，NPO法人クリーニング・カスタマーズサポート代表，須賀川商工会議所副会頭。
4歳のとき，「モスラ対ゴジラ」を見て怪獣映画に目覚め，以降，円谷英二研究を行う。近年の仕事はもっぱらブラック企業退治。悪質宇宙人のごとくクリーニング業界に巣くうブラック企業との対決に人生の目標を見出し，日々闘っている。
著作：『翔びつづける紙飛行機――特技監督 円谷英二伝』（歴史春秋社，1994年），『特撮の神様と呼ばれた男』（アートン，2001年），『ものがたり 円谷英二』（歴史春秋社，2001年），『苦渋の洗濯?!――クリーニング店社長のクレーム始末記』（アートン，2004年），『ニホンを洗濯する――クリーニング屋さんの話』（駒草出版，2010年），『さよなら』（駒草出版，2011年），『クリーニング業界の裏側』（緑風出版，2018年）

DTP　岡田グラフ
装幀　宮川和夫事務所

大空への夢――特撮の神様 円谷英二伝

2019年1月15日　第1刷発行

定価はカバーに
表示してあります

著　者　鈴木和幸
発行者　中川　進

〒113-0033　東京都文京区本郷2-27-16
発行所　株式会社　大　月　書　店
印刷　三晃印刷
製本　中永製本
電話（代表）03-3813-4651　FAX 03-3813-4656　振替00130-7-16387
http://www.otsukishoten.co.jp/

ISBN978-4-272-61237-6　C0074　Printed in Japan